Vivamos mientras

Keila Marie Díaz Morales

José Martín Orta Valdez

En cumplimiento con el Canon 24 de Ética Judicial de Puerto Rico de 2005, hacemos constar que nuestras expresiones responden a nuestras ideas, criterios u opiniones personales y no representan la posición oficial del Poder Judicial de Puerto Rico.

Primera edición: junio 2021

©Keila Marie Díaz Morales, 2021
  José Martín Orta Valdéz, 2021

Editora y correctora
Ana-Loreanne Colón de Acento - Agencia de Corrección

Ilustración de cubierta
Betsy Serrano

Diseño editorial y corrección de prueba
Las Marías Estudio Editorial (www.lasmariaseditorial.com)

Todos los derechos reservados. No se permite la reproducción total o parcial de esta obra, ni su incorporación a un sistema informático, ni su transmisión en cualquier forma o por cualquier medio (electrónico, mecánico, fotocopia, grabación u otros) sin autorización previa y por escrito de los titulares del *copyright*. La infracción de dichos derechos puede constituir un delito contra la propiedad intelectual.

ISBN: 978-1-7360590-2-9

Impreso en Colombia, por Editorial Nomos S.A.

*A Noé Martín,
por honrar tu nombre,
mantenernos a flote durante la tempestad
y ser el arcoíris que nos devuelve a diario la esperanza.*

*A todas las personas que mencionamos en estas líneas,
gracias por sostenernos durante nuestro proceso.*

*A quienes creyeron en el poder de nuestro mensaje,
gracias por cocrear con nosotros este sueño.*

*A Héctor "Juno" Miranda,
por obsequiarnos su arte para un logo perfecto.*

*A Ana-Loreanne Colón,
por ser un alma tan bella y permitirnos conectar contigo.
Gracias por creer en nosotros y motivarnos cada día.*

*A Armando Valdés, Lara Mercado y Mariana González, gracias
por adoptarnos y llevarnos de la mano en este caminar.*

*A Betsy Serrano,
por inspirarnos e inspirarse para nuestra portada.*

*A ti,
por ser y estar.*

A ti que nos lees

Comencé a escribir a modo de resurrección. Madre en estreno, no pensé posible coincidir con la musa, visitante espontánea e impredecible, para inventar otra realidad. Decidí escribir la historia que me sabía, y de paso sanarla: nuestras vivencias y reflexiones del 2020. Puse la inspiración al servicio de la memoria.

Marido volvió a flecharme con su nueva propuesta de matrimonio, esta vez, para escribir junto a mí. Fue grabando su reacción hablada según leía cada capítulo, sin saber lo que le esperaba en el próximo. Luego, con el corazón en la garganta, yo transcribía los pensamientos más íntimos de quien duerme a mi lado.

Y así, sanamos los dos.

Esto que tienes entre tus manos es el resultado. Helas aquí: nuestras almas ante tus ojos.

Prólogo

Mi querida Keilita:

Tú sabes que te amo, pero por Dios no publiques eso. Comprendo que te llena de ilusión hacerlo y que siempre has soñado con ser autora de numerosas obras literarias. Sin embargo, pienso que estás siendo temeraria e imprudente. ¿Cómo vas a publicar todas esas intimidades siendo jueza? ¿Qué va a pensar la gente de ti? ¿Qué van a pensar tus colegas, tus jefas, el Juez? ¡Serás la protagonista de un bochinche! Y como si fuera poco, ¡te llevas enreda'o a tu esposo!

Además, dejando tu puesto a un lado y siendo objetiva: ¿crees que escribes bien? ¿Crees que mereces ser leída? Léete. Tus oraciones son simples, cortas y sin palabras de domingo. Nadie te leería. ¿Qué es eso de contar la historia empezando por el final? ¿Qué persona sobre la faz de la tierra va a querer leer las reacciones de tu esposo a lo que escribiste? Se nota que es la transcripción de una grabación, para nada literaria, demasiado natural.

Sé realista, ¿a quién le importa tu historia? ¿A quién le importa lo que tu marido tenga que decir al respecto? Acéptense como lo que son: dos personas más en el mundo. No desperdicies tu energía en esto. Arriesgarías todo en vano. Mi intención no es herirte, solo protegerte. Confío en que me entenderás y me perdonarás.

Con toda sinceridad,

Tu depredador interno.

Fui fuego intenso,
arrasando todo en mi camino,
confiando enorgullecer a Galeano.

Fui vienta alicia,
más veloz que el segundero,
nunca en la calma del ojo,
desplazándome más allá de mis brazos,
despeinando a quien se me acercara,
ambicionando sacudirle cada neurona.

Fui marea brava,
determinada a triturar la piedra
y servir de medio al arca.

Fui tierra,
blanco de las más altas expectativas,
negro fértil potenciado artificialmente,
creyéndome sostén y sustento de la humanidad.

Fui todo.
Fui el centro.
Fui la gravedad.
En mi mente.

–Keila

XI

5 de septiembre de 2020

Yo no merecía... Eso pensaba. Tenía que quemarme las pestañas para sobresalir, ser la mejor en todo, recibir los aplausos y el reconocimiento. Solo así lograría un estado de equilibrio, pero pasajero y condicionado. Las bendiciones, lo bueno, lo positivo, llegaban solo después de realizar un esfuerzo increíble. Después de todo, la vida era eso: según el esfuerzo, sería el bienestar.

Ya con la porción de "las cosas buenas" que me correspondía, lo siguiente era andar con el más sumo cuidado para evitar perderla. La dificultad para conseguir contrastaba con la facilidad con que todo se pierde. Fragilidad. Pisar con cautela. Hablar con cautela. Pensar con cautela. Tolerar. Estar siempre preparada para ese inescapable momento en que pasa lo peor. Un segundo desperdiciado por ocio o pereza era una desviación incorregible de los caminos hacia la plenitud. Sobre ese pensar comencé a levantar peldaño en lo académico y en lo laboral.

Lo personal, otro dilema. Crecí enfocada en producir, en servir, en estudiar. Fui una máquina. La verdad es que no me criaron para ser la mujer de nadie. Y aunque agradezco la visión de empoderamiento, eso también significó que crecí sin cultivar ese espacio en la vida donde nacen los amores, incluso el amor propio. No gesté las orugas en mi estómago. Me fue muy natural concluir, en algún momento, que "me iba a quedar jamona"... En una sociedad machista, eso es algo terrible. Ese pensar me llevó, por más tiempo del necesario, a aferrarme a las migajas de cariño que llegaban por casualidad. Sí, "por casualidad". Les recuerdo que mi mantra equívoco era: yo no merezco.

Yo no era la jeva; yo era la estofona sin *sex appeal*. De cantazo en cantazo, de ruptura en ruptura de corazón, fui reduciendo más y más mis expectativas. Disminuí, o más bien, eliminé mis estándares para conseguir algo o alguien bueno. Yo no merecía. Todo era carencia.

Es impresionante. Una lee esto y dice: *ay Santo qué victimismo, qué tragedia, qué melodrama*. Pero la verdad es que, cuando lo viví o, mejor dicho, lo sobreviví, no lo veía así. Al contrario, me consideraba la mujer más dichosa del mundo, con "bendiciones" proporcionales a un esfuerzo agotador y disponibles mientras no llegara ese momento en que, tal cual te llega, se va. Ahora es distinto. Me atrevo a ser crítica, honesta y cruda conmigo misma. Repienso mis días. Leo y me pido perdón. Lo escribo hoy prometiéndome ser transparente y no ceder a ese enemigo que por tanto tiempo tuve y, que de vez en cuando me visita: *¿Qué dirá la gente?* "Ay, mírala, qué débil... Una persona con esos *issues* no está cualificada para estar donde está. Si no pudo manejar su vida en ese entonces, ¿qué nos asegura que la está manejando bien ahora? Bendito, qué lástima. Vamos a sonreírle, pero de lejos".

¿De dónde viene tanta desconfianza, inseguridad, falta de amor propio? Tengo muchas teorías como respuesta a esa pregunta. Todavía mantengo la primera que llegó a mi mente: en definitiva, se debe a las telenovelas. ¡Con cuánto drama nos alimentamos en esos inicios del desarrollo de nuestra personalidad! *El amor es una novela. Lo imposible es lo romántico. Una historia de amor conlleva algún obstáculo: un proceso de seducción eterno, un triángulo amoroso, un choque entre clases socioeconómicas, desgracias, victimizaciones. La mujer sufre en silencio, es sumisa, se mantiene en espera de que el hombre guapo y exitoso la valore.* La mujer recita estos monólogos de desesperanza mirando por la ventana de su habitación con la mano en el pecho. Esto, sin dejar atrás que el tercer ángulo del melodrama es la villana; siempre la villana, porque nunca vamos a pensar que ella también tiene dignidad y también sufre. El final "victorioso": la boda "feliz".

Esta visión errada nos bombardea por todos los medios posibles, incluyendo las típicas canciones románticas que normalizan el sufrimiento. Es lamentable que este insumo pocas veces es contrarrestado con un diálogo profundo y cotidiano sobre cómo nos relacionamos saludablemente con les demás. Al contrario, las ideas son reforzadas por normas de conducta mediante las cuales la sociedad nos hipnotiza a través de micromachismos muy comunes. *El hombre llega hasta donde la mujer le permite. La mujer debe darse su lugar. Si la mujer se lo pone fácil, el hombre no la valorará. El hombre la pasará bien con muchas, pero se recogerá con la mujer ejemplar. La mujer debe llegar virgen al matrimonio, o, al menos, a la relación con el hombre con quien se casará. Ningún hombre quiere estar con una mujer "usada". Todo hombre lo que quiere es una mujer decente, hogareña, hacendosa. Una mujer debe estar siempre bella, "arreglada" (ni que estando al natural estuviera defectuosa), tener la casa impecable, tener el mejor humor, ser laboriosa, espiritual, familiar. Una mujer debe estar siempre dispuesta a complacer las necesidades sexuales del hombre, después de todo es un privilegio ser deseada. Una mujer infiel es una prostituta (y ser prostituta en esta sociedad es algo malo). Un hombre infiel buscó fuera de su casa lo que su mujer no le dio. Y por ahí continúa la lista infinita de roles sexistas y patriarcales.*

Fueron muchas las veces que me enojé con mi mejor amiga, Wanda. Fue ella la que me restregó esta realidad en la cara desde antes que mi alma tuviera los ojos para poder verla. ¡Cuánto trabajo le he hecho pasar en la vida, oyendo consejos con oídos sordos! Hasta que un día, mi primo Guillermo me dijo: "¿Tanto que te jo… robas en lo académico y no te esfuerzas igual por ser feliz?" Eso me explotó la cabeza y el corazón. *¿O sea que yo puedo construir mi felicidad? ¿Cómo? ¿Honro la memoria de mi padre, que tanto se esforzó por nuestro porvenir, poniendo mi felicidad en las manos de un tercero?*

Yo siempre estudié y cuestioné todo. Leí las líneas, y también entre las líneas y fuera de las líneas asignadas en la escuela. Siempre defendí el derecho de la mujer a progresar como profesional y conquistar el mundo. Me consideraba toda una revolucionaria en mi pueblo, Orocovis. Sin embargo, no fue hasta que comencé a trabajar como abogada, que me estrellé con una realidad que jamás pensé posible: *Keila, eres machista. ¿Cómo una mujer puede ser machista? ¡Eso es imposible! ¡Y menos yo!* Pues sí. Tenía el machismo corriendo sigiloso por mis venas. Pude entenderlo luego de salir de una de esas relaciones eternas que te arrancan la identidad en la espera del diamante.

Todavía recuerdo cuándo y cómo me acosté a dormir esa noche. Entregué todo a la búsqueda intensa de respuestas y soluciones. Desperté a la mañana siguiente: viernes, 8 de febrero de 2013. El clóset me quedaba de frente. Vi el espacio vacío que había preparado para quien no acababa de mudarse conmigo. Lo imaginé ocupado por él. Fue cuando me llegó la respuesta. Yo ya no quería. *No eres feliz, Keila. Si se muda ahora que estamos tan cerca de San Valentín, después va a ser difícil sacarlo. Tienes que recuperar esa llave. Si lo dejas y no la tienes, no vas a poder dormir. Sabes que cada vez que se dejan, él insiste al ratito. Vas a tener que cambiar las cerraduras.* Así lo supe. Sin nervios. Con una determinación nunca antes sentida. De ahí en adelante, mi sonrisa amaneció. Salí del ciclo, dejé de sobrevivir y me convertí en fuegos artificiales explotando libremente. Me permití ser. Recuerdo que ese día saboreé el mundo con intensidad, kayakié de noche en la Bahía de Condado y comí la pizza más deliciosa del planeta.

La vida puso a mi lado unas mujeres sabias, poderosas, admirables; maestras que señalaban y cuestionaban mis frenos. *¿Por qué no? ¿Por qué no jangueas sola? ¿Por qué* *tienes que esperar a que te hable? ¿Por qué no le das tú el teléfono? ¿Por qué no le escribes? ¿Por qué no le dices lo que piensas tal como lo piensas? ¿Por qué no le pides lo que quieres tal como lo quieres? ¿Por qué no aceptas su invitación? ¿Por qué no llegas sola al lugar? ¿Por qué no cortas y ya?* Y así, cuestionamiento a cuestionamiento, fueron desenmascarando a esa conservadora que habitaba en mí y que su especialidad era autoboicotearse. Eso, combinado con el torbellino intenso de energía que caracteriza a la soltería recién recuperada, pulverizó las cadenas oxidadas que no sabía que tenía a mi alrededor; que apretaban y restringían mi identidad. Se abrieron todas las capas de mi piel y de mi espíritu. Explotaron tal cual *big bang*, para luego reorganizarse y reunirse libres, dando paso a un nuevo universo. Retomé las pasiones abandonadas. Descubrí pasiones que antes desconocía. Comencé a creer en mí, sin límites. Fijé nuevas metas; no en la Luna, sino en universos paralelos. Fue impresionante ver cómo los resultados excedían lo que imaginaba. Estaba vibrando alto, altísimo.

    Todo era maravilloso, menos en los terrenos tan difíciles del amor. Aún vivía el cuestionamiento: ¿me merecía? Tuve que andar bastante más para llegar al punto donde pude decir: *Basta. El que no me quiera así, que no me quiera, que se largue, que ni se me acerque; a fin de cuentas, prefiero estar sola y tranquila. No estoy dispuesta a dejar de ser yo para encajar en los estándares de otra persona que exige más de lo que ofrece.* De ese momento en adelante, cero interés. No necesitaba encontrar a mi otra mitad, porque ya estaba completa...

    Y él apareció.

Yo no busqué nada. Fue él quien se acercó a mí. Con calma, grano de maíz a grano de maíz, con paciencia y perseverancia. Confieso que busqué esqueletos en su entorno. A partir del verano de 2015, y por casi cuatro meses, estuve en una búsqueda minuciosa. Tomé un rol detectivesco. Preguntaba por él y, para mi sorpresa, las respuestas siempre eran positivas. ¿Cómo era posible que la gente lo quisiera tanto? Algo debía esconder. En ese momento, él trabajaba con el presidente del Senado de Puerto Rico y dirigía la Comisión de Hacienda. Yo trabajaba con el gobernador. Ante la tensión que había de tiempo en tiempo entre ambas oficinas, sospeché que él me estaba "montando un rancho" para obtener información. O tal vez quería recogerse con la primera que apareciera. Pensé muchas cosas: *Quizás es gay y solo quiere usarme como candado de su clóset. Quizás es que, como ya pasa los cuarenta, quiere preñarme para dejarle al mundo su prole. Quizás solo quiere sexo y lo está maquillando. Quizás...* Hasta que un Alma Bella y Sabia, Almaris, me puso el detente: *"Keila, basta. No busques más. No hay nada malo. Tienes que entender que te mereces todo lo bueno que te está pasando"*. Mi cerebro procesó: merezco. Yo merezco.

Una vez entendí que lo merecía, que no había esqueleto que encontrar, solo me quedaba atender una preocupación. *Tanto que me había esforzado por ser la profesional que era, ¿debía dar el paso con el riesgo -riesgo no-, con la consecuencia segura de que dejaría de ser la Lcda. Díaz ante los ojos de dos ramas de gobierno para ser "la jeva de Orta"?* Se lee frío y terrible, lo sé. Pero lo sopesé. Creo que me rendí y me dejé fluir ante la realidad de que comenzamos a encontrarnos compañeres de trabajo durante nuestros jangueos a solas por el Viejo San Juan. Cuando llegaba el momento de preguntarme si lo rechazaba alejándome ante Fulano o Mengano para que no sospecharan, la respuesta era involuntaria. Estaba incapacitada para hacer eso. Mi corazón y mi alma no me lo permitían. Él era y es mi imán. Y así, sin tanto análisis, me senté a ver la caída del muro de mi reputación laboral para darle la bienvenida a todes mis colegas o conocides de trabajo a mi vida personal. Justo lo que soñaba cuando me amanecía estudiando. Justo para lo que me esforzaba cuando me amanecía trabajando legislación y consultas legales.

A un lado el sarcasmo, sí hágase constar que la creatividad y ambición de mis metas no alcanzaban para imaginar el sueño que resultó caminar en la calle, codo a codo, con este ser, siendo mucho más que dos. Dicho eso para evitar cualquier malentendido o herida al corazón de mi corazón, sépase que sí costó.

Mi rostro ardió y toda la sangre se me subió a mi cabeza, cuando el gobernador me cantó en una reunión de trabajo "¿Y cómo es él? ¿En qué lugar se enamoró de ti?". Eso es solo un ejemplo de cómo transcurrieron mis días entre Fortaleza y Capitolio. Añado que me relevaron de asistir a las Sesiones del Senado, donde trabajaba mi ahora Marido, y me destacaron para las Sesiones de la Cámara de Representantes. Sobre eso, solo mencionaré que la dinámica entre ambos cuerpos legislativos era distinta. Yo prefería Senado.

Me frustró bastante. Fue como perder mi lucha para sobresalir en el mundo laboral siendo joven, mujer y proveniente de escuela pública. Eso revela cuánto camino falta por recorrer para lograr la equidad para las mujeres en el ámbito profesional, aun en el siglo XXI. Lo triste es que, esa realidad me persigue y lo seguirá haciendo. Hoy, ambos trabajamos como jueces. Sin embargo, él es juez administrador de una Región Judicial; yo soy jueza municipal. Puedo afirmar que, en múltiples ocasiones, cuando compañeres del Tribunal se enteran de quién es mi esposo, recibo la incuestionable mirada con sonrisita irónica de que "con razón esto, con razón lo otro, si es esposa del juez". De momento, queda a un lado la posibilidad cierta de que tengo mérito, porque me he quemado las pestañas, porque soy capaz, porque soy yo. Al principio, lo sufrí. Ahora, lo acepto y lo sonrío. No me afecta. Sé quién soy. Sé lo que doy. Si el precio de gozar este amor es ese, lo volvería a pagar cada segundo de vida.

Reflexioné sobre todo esto aquel 5 de septiembre de 2020, abordo de un avión, de regreso a casa luego de un mes en Texas. Embriagándome de cielo, mirando hacia la izquierda a través de una ventanilla de avión (aparato en el que jamás imaginé llegar a montarme durante las primeras dos décadas de mi vida), y admirando al Adonis de la vida que tengo el honor de llamar "esposo", fue inevitable cuestionarme: *Keila, ¿cómo en algún momento de tu vida te conformaste con menos? ¿Cómo no te atreviste nunca a soñar con esto?* Llegó sin esfuerzo, sin complicaciones, sin amenazas de desaparecer en cualquier momento con mi corazón y mi alma entre las manos. Llegó, y lo sé reflejo de lo más importante: de la relación que al fin logré cultivar conmigo misma.

Caí en cuenta: somos abundancia.

Hola. Hoy es 9 de enero de 2021. Soy yo. Soy Marido, José Martín Orta. Estoy sentado solo, en la sala de nuestra casa. Acabo de leer el primer capítulo del libro y estoy grabándome mientras reacciono. Se me hace más fluido hablar que escribir. Keila no esperaba que yo quisiera participar en estas líneas, pero me pareció un ejercicio necesario para ambos sanar lo que vivimos en 2020 y, de una vez, hacerles parte de nuestro mensaje.

Ahora que leo estas líneas, siento que conozco más a mi esposa. Supe, desde el primer día, que Keila era una mujer complicada en el buen sentido de la palabra, porque ella lo cuestiona todo. Ella se evalúa mucho. Busca constantemente la perfección. Dedica tiempo a encontrar la mejor forma de cómo hacer las cosas, de cómo decirlas. Desde que la conocí en el Capitolio, en el llamado Salón de los Muertos, la fui viendo poco a poco. Una de las cosas que noté fue que se cuestionaba por qué yo le estaba *tirando*; por qué me interesaba. "*Me gusta, me llama la atención*", pensé. Es sencilla como mujer, en su forma de ser, de tratar a la gente, de vestir, de buscar lo que le gusta. Es sencilla en las cosas materiales. Es humilde. Pero es una persona profunda.

Cuando la conocí, hablamos de su vida, hablamos de la mía, y me di cuenta de que nos parecemos en muchas cosas. Recuerdo que eso fue lo primero que hizo *click*. De su lectura, me resulta interesante cómo ella pensaba que era machista, que siempre estaba buscando ese hombre ideal y cómo ella trataba de acomodarse para complacer a ese hombre. De repente, decidió no complacer a les demás, tomó la determinación de que quien la quisiera la debía aceptar tal como era. Ese es un cuestionamiento que toda persona debe hacerse: ¿quién soy?, ¿hacia dónde voy?, ¿por qué tengo que complacer el gusto de otra persona, de gustarle, hasta el punto de perder mi identidad? Yo creo que es algo que cala. De la misma manera, Keila cuestionó cuáles eran mis intenciones hacia ella, que si yo tenía cuarenta, que si me iba a recoger, que si era gay, que si mi interés era solo sexual... No siento que fue un mal cuestionamiento.

Ustedes pensarán: ¿cómo ella se atreve a escribir todas esas cosas sobre su pasado y exparejas? ¿Cómo él puede leerlas y estar tranquilo con eso? Sencillo: yo estoy demasiado agradecido con la vida por permitir que nuestros caminos se hayan cruzado. Eso incluye cada paso que ambos dimos, cada persona que estuvo en nuestras vidas y que nos sirvieron de guías en el proceso de convertirnos en quienes somos. Ella honra a sus exparejas. Yo honro a mis exparejas. Ella honra y agradece a mis exes y yo a los suyos. Nos parece saludable que cada uno conozca y respete el pasado del otro.

Aunque esto se trata de ella, yo creo que es una oportunidad que nos damos de compartir como pareja. Yo, ahora como lector, leo lo que ella está escribiendo, lo que está expresando a través de cada una de estas líneas. Me provoca muchos sentimientos, ya que parte de ese proceso que ella vivió y que ella les explica, es algo que me pasó también en un momento dado de mi vida. Yo decidí que mi prioridad sería estudiar, viajar, disfrutarme la juventud y "la hombría"... ¡Qué sé yo! Pasarla bien. Y así lo hice. Disfruté mi vida. Estudié. Me hice CPA. Estudié

Derecho. Viajé a Europa en varias ocasiones. Me iba de *party*. Compré mi apartamento, mi carro. Y en esa etapa de ser ese individuo soltero, exitoso, sin ataduras, pasan los años. Uno entra en este proceso de la superficialidad; en la etapa de vivir la vida alegre, por decirlo así; de vivir la vida sin ataduras, de disfrutar tu salario, tus viajes, tu ropa, tus zapatos, el beber bien en un buen lugar, la buena comida. Pasan los años y eso queda en un vacío.

Siempre soñé con tener una familia, una esposa, hijos, un hogar al cual llegar todos los días. Pasarla bonito con ellos. Comer juntos. Hacer cosas de pareja, de familia. Pero los años pasaban y mi vida seguía enfocada en el ambiente de *party* y viajes.

Terminé una relación, de casi seis años de convivencia. A pesar de haberme enamorado, me di cuenta de que esa persona con quien convivía no era la que yo quería que estuviera en mi vida. Decidí romper el ciclo con esa persona porque no me hacía feliz, no era lo que buscaba. Yo estaba en los treinta y pico, en una relación de seis años que empezó a los veinticinco más o menos. Luego de eso conocí distintas mujeres y empezó el dilema: *¿qué estoy haciendo mal?* Yo podía salir con una mujer sábado, domingo, lunes y ya el martes no me contestaba. Podía salir con una mujer, duraba un mes y me decía "ya estoy cansada, no quiero seguir contigo". Ahora eran las mujeres las que me dejaban a mí. En todas las relaciones que tuve antes de empezar con Keila, me dejaron, menos en una. Caí en la infidelidad. Veía el tiempo pasar sin que yo encontrara lo que buscaba.

No lograba volver a enamorarme. Coincidía con mujeres inteligentes, que admiraba y respetaba; pero no me enamoraba. Pasaban los años y me sentí como Keila, con la presión social de que tenía que hacerlo bien. Iba a las fiestas, a las comidas, a las casas de mis amigues. Elles estaban casades, tenían hijes, tenían amistades que a su vez estaban en ese plan. Estamos hablando de treintipico años de edad. Yo, por mi parte, estaba *past due*. Empezaron los comentarios "viejo soltero, pato seguro", "el tipo tiene *issues* posiblemente", "a veces tiene manierismos". A muchas mujeres posiblemente no les gustaba mi manera de ser. Unas, pensaban que era labioso, otras, que me veía que estaba afixia'o. Entonces me decían: "chico, es que tienes que bajarle dos, tienes que controlarte". Empezaron las luchas entre mis frustraciones y lo que debía hacer para poder agradar a una mujer. Me deprimí. Lloré, porque llegó a un punto en que yo conocía a alguien en una de estas actividades familiares o con amistades, le pedía el teléfono y me decían: "es que fuiste muy agresivo, ya le pediste el teléfono". La llamaba al otro día, me decía que sí y a las dos semanas ya no quería salir conmigo, me ignoraba y me dejaba plantado. Eso afectó mucho mi autoestima. *Entonces, el que está mal soy yo. Entonces el que no es suficiente hombre soy yo. No están viendo en mí un hombre. No están viendo en mí una persona atractiva. No están viendo en mí a alguien que pueda ser compañero. Algo está fallando en mí.*

Inclusive, uno de mis amigos, que fue mi entrenador personal, me aconsejó: "tú tienes que ir a la iglesia, conocer a una mujer cristiana, con valores. Allí vas a encontrar tu pareja". Lo pensé y fui hacia eso. Me congregué en una iglesia protestante en busca de una mujer. Entré a una *koinonia* de jóvenes solteres. La muchacha que me gustaba nunca me respondió. Al mes, salió con otro de los muchachos que también estaba como yo, en la *koinonia*. *Wow, él llegó igual que yo, soltero, a la koinonia y se quedó con la que a mí me interesaba, con la que me llamaba la atención físicamente. Ya se casaron y tuvieron un hijo. Yo no conseguí nada.* Los vi en el proceso de matrimonio y de ella quedar embarazada. Se podrán imaginar mi frustración. *Él pudo. Yo traté y no pude y sigo soltero.*

Entonces, una amiga me llevó a estos talleres en grupo durante fines de semana enfocados en el desarrollo personal y que llamábamos coloquialmente "Cuatro pa'ti". Acepté para relajarme. Aunque esas actividades son criticadas por mucha gente, yo no puedo decir algo negativo. Crecí y lo más importante es que aprendí a tener una buena autoestima, tener seguridad en mí y a aceptarme como soy. A partir de ese momento, me tranquilicé. Flui con la vida y ella conmigo. Conocí a otras personas. Tuve relaciones más duraderas: un año, dos años. Nunca me sentí bajo presión; no sentía que tenía que lograr un matrimonio ni que tenía que dar el próximo paso.

En ese proceso, aprendí a vivir solo, sentirme auténtico y sobre todo libre de hacer y decir lo que quisiera sin esperar la aceptación de alguien. Estuve sin salir con nadie por espacio de un año y medio. Una de las cosas más importantes que uno tiene que aprender es estar solo y conocerse. Haber participado en esos talleres me ayudó a conocerme, a disfrutar de mí, a viajar solo. A estar en mi apartamento un fin de semana, escuchar música, ver televisión, recogerme, leer, sentarme conmigo para saber qué es lo que quiero en la vida. Todo se parece al proceso de mi esposa, en que ella determina, se analiza, se relaja y se dice que no va a estar complaciendo a otros, sino que ella quiere ser ella y va a fluir; va a disfrutarse su vida como le dijo su primo: "¿cómo tú eres tan profesional, estudias tanto y no eres feliz?". Ese cuestionamiento también lo tuve y fue parte de mi proceso. A partir de ese proceso yo flui. Fui yo.

Empecé a trabajar en el Capitolio, relajado, enfocado en mi aspecto laboral y con un balance en términos de mi aspecto social; sin estar saliendo, sin estar complaciendo a alguien, siendo yo. *Si ella me quiere dar la invitación me la da; si me quiere aceptar la invitación, me la acepta y si no me la acepta, sigo caminando. No me voy a sentir mal, ni va a bajar mi autoestima, ni mi ego, ni me voy a frustrar. Si me da o me acepta la invitación, voy a ser yo: José Martín Orta Valdez. Voy a hablar, voy a caminar como yo soy, independientemente de lo que ella pueda pensar de mí. Si tengo sobre cuarenta años y piensa que soy un viejo, no me importa. Si piensa que soy homosexual porque no me he casado, no me importa. Si funciona esa primera cita, pues vamos a la segunda y si no funciona, pues adiós, bye bye, somos amigos o no nos vemos nunca más.* Ese proceso lo aprendí, lo viví. No es fácil, especialmente cuando hay muchos estigmas sociales; sin embargo, a través de ese crecimiento flui con la vida, flui con ser José Martín Orta. Esa base, ese proceso, esa transformación, esa calma en mí, fue parte de ser quien soy ante Keila.

Ese primer día en que la invité a almorzar y fuimos a la Cueva del Mar en Viejo San Juan, yo fui José Martín Orta Valdez. Salí al mediodía de mi oficina de la Comisión de Hacienda, me encontré en el restaurante a un compañero que en ese momento era el jefe de Keila; lo saludé, seguí caminando y luego Keila se sentó conmigo. Almorcé, flui y fui yo, con manierismos, sin manierismos, con tono de voz fuerte, con tono de voz suave; si me picaba la nariz, pues me rascaba. No me importó si les demás nos estaban viendo. Nos dimos un café en Cuatro Sombras. La volví a llamar. No le hablé para complacerla, sino para que ella me conociera. De ahí en adelante, seguimos conversando, seguimos hablando. Yo con mis cuarenta y uno, ella en sus veintiocho. Seguimos, compartimos, hicimos ejercicios en Viejo San Juan, corrimos, nos fuimos conociendo y estamos aquí. Fluyó.

La persona con quien estaba saliendo cuando conocí a Keila es una mujer a quien respeto mucho; una mujer muy inteligente y divertida. Sin embargo, cuando me fijé en Keila, yo sabía que quería hacer las cosas bien, que yo quería fluir bien, que no quería ningún tipo de ataduras con otra persona para poder conocer a Keila. No sé por qué, lo sentí así. Por todo el respeto que le tenía y le tengo, para no hacerle perder tiempo ni energía, le dije a esa mujer: "eres una gran persona, pero no quiero seguir más contigo". Yo quería ese espacio de conocer a Keila. No quería tener una doble vida y quería también que ella viera mi sinceridad. Keila podía haberme dicho: "mira, no quiero seguir más contigo", y ya yo le había dicho que no a la otra. Pero estaba dispuesto a asumir ese riesgo. Máxime, cuando uno de mis amigos me advirtió que tuviera cuidado, que se veía que Keila no era una muchacha con la cual se debía "jorobar", por no decir la palabra correcta con "j". Así era la vida y así es, uno aprende a ponerle fin a una etapa para darte la oportunidad de comenzar otra. A nivel personal y a nivel de trabajo, uno tumba una etapa, uno termina algo y comienza algo, y así fue lo que hice.

Los estereotipos del machismo, de cómo luce un hombre, de qué hace, de cómo se comporta, nada de eso abona. Uno es auténtico y uno fluye. Uno habla y uno se comporta como es. Por ser como soy, ella habrá visto en mí las características que me acaba de escribir. Yo vi en ella una mujer inteligente, una mujer valiente que se lo cuestiona todo. Mi hermana en la vida, Sonia, me dijo: "yo conozco esa muchacha que tú estás conociendo porque mi hija estudió con ella, fue compañera de cuarto de ella; ella es bien inteligente, se lo cuestiona todo y no le puedes mentir; no intentes mentirle porque se va a dar cuenta". Yo estaba claro en que no le iba a mentir; que yo iba a ser José Martín Orta Valdez. Keila llegó para tener una vida conmigo y yo una vida con ella, en abundancia.

Ustedes dirán: "¿Cómo puede con Keila? Esta mujer se ve una mujer complicada, con unas cargas, con unos pensamientos fuertes". Ella es así desde el momento en que se levanta hasta el momento en que se acuesta; lo cuestiona todo. Lo analiza todo, incluyendo a los sueños. Yo también soy así. El mayor reto en esta relación es cómo la puedo entender, cómo soy su cómplice en esos cuestionamientos y análisis.

Otro aspecto que ella menciona es confiar y vivir la vida en abundancia, felicidad y plenitud. Para lograr eso, tú te tienes que cuestionar qué es lo que quieres y hacia dónde vas. Por mi parte, he desarrollado una capacidad de paciencia, una capacidad de escuchar, una capacidad de apasionarme con el cuestionamiento. Este 5 de septiembre de 2020 que ustedes están leyendo es el resultado o resulta en un aprendizaje que van a ir viendo a través de lo que ella les va a explicar. Y no dudo que, en ese momento mientras viajábamos de regreso a Puerto Rico y ella reflexionaba sobre todo esto, yo también estaba dando gracias a la vida sin parar por lo mucho que me ha bendecido. Veía justo al lado de mi asiento de pasajero a una Keila libre, segura de sí misma, aventurera, que se quiere comer el mundo con sus sueños y que anhela tener retos en la vida que superar para seguir creciendo como mujer, hija, madre y esposa. En ese 5 de septiembre de 2020, hoy y todos los días, me doy cuenta de que la amo más que ayer y, al paso que voy, menos que mañana.

X

29 de julio de 2020

¡Qué gastado ese refrán de que uno no sabe lo que tiene hasta que lo pierde, pero cuán cierto! Marido estuvo fuera de Puerto Rico dos semanas. Me quedé sola con el hogar encima. Tener un compañero que cumple con su parte equitativa de la convivencia es una bendición. Acostumbrarse a eso para luego encargarse de todo una sola, abruma. Confieso que él hace más que yo y cada vez que lo pienso mi dicha me conmueve.

Que alguien me explique por qué las mujeres tenemos que cargar con la responsabilidad de todo. Es imposible contar la cantidad de veces que he recibido miradas juiciosas cargadas del mensaje de "qué defectuosa, no eres una mujer completa" cuando digo que no cocino, no porque no sepa, sino porque no me da la gana; no quiero; no me gusta. Ese silencio extraño que nunca falla me explota la paciencia. Cada chistecito de que mi esposo es un hombre maltratado porque limpia, porque hace *laundry*, porque cocina, porque friega, porque barre, porque mapea, porque atiende a los perros, porque cambia pañales, porque baña al nene... ¡Bendito sea Dios! ¿En qué siglo estamos?

Él estuvo lejos esas dos semanas, acompañado de dos ángeles: Sonia y Walter, que se separaron de sus familias para cuidar la mía. La ausencia de mi Marido dejándose notar me tenía hecha una Magdalena. Noé Martín requería mi completa atención durante todo el tiempo. Aún dormido, no me soltaba la teta. Al borde de un paro cardíaco, pasaban esos catorce días y yo con la misma ropa de dormir de antier. Me miraba al espejo y me entraba un coraje increíble. Ese desastre de persona no tenía dignidad. Por las noches, hacía un *to do list* para poder aprovechar el tiempo al día siguiente. El día siguiente se convertía en ayer sin que pudiera lograr ni la mitad de las cosas planeadas; látigo para mí. Y así se fueron acumulando las cosas por hacer, incluyendo las maletas para encontrarnos con él. Yo quería tenerlas listas con dos días de anticipación para dar tiempo de calidad a Noé Martín. Sin embargo, ahí estaba, a solo horas del viaje, con nada empacado.

Esa noche, Noé Martín cooperó. Se durmió y me soltó la teta. Feliz, empecé a prepararme para organizarme en el silencio de la noche cuando recibí esta llamada. Un amigo/mentor, cuyas responsabilidades importantísimas le dejan sin tiempo que perder, me llamó. Me expresó que estaba preocupado por mí, porque la última vez que me vio me había notado muy delgada. Le di la clasecita sobre lactancia, el *cross-fit* que es Noé Martín y le enumeré los platos criollos que yo devoraba al día para disipar su preocupación. Sin embargo, al preguntarme cuál era el plan y yo contestarle, hubo una explosión atómica. Que cómo era eso de que yo iba a pedir licencia sin sueldo por un año para estar en casa con Noé Martín; que esa no era la Keila que ellos conocen; que la Keila que ellos conocen es una fajona que nunca se quita; que a ella le costó llegar a donde está y no debe renunciar a ello así porque sí. Las maletas vacías vieron cómo se abrieron en mis ojos las compuertas del lago Carraízo. ¡Qué difícil es llorar a moco tendido en silencio para que no se den cuenta al otro lado de teléfono! Total, ¡siempre se dan cuenta!

La conversación terminó con puntos suspensivos y un "continuará". Yo estaba exhausta y no paraba de llorar. Cuando me calmé y avancé para terminar mi dichosa lista de asuntos por hacer, la cual incluía dejar la casa preparada para una tormenta que pasaría la noche siguiente, se fue la energía eléctrica. Un par de minutos después, Noé Martín lloraba. Intenté dormirlo soplándolo con un papel. (No. Esta pareja de jueces no tiene de esos generadores eléctricos peposos que prenden al instante). Noé Martín sudaba y yo me impacientaba. Así estuvimos dos horas que parecieron eternas. Al fin, regresó la energía eléctrica, Marido llamó y comenzó a enumerarme las camisas polos específicas que quería que echara en la maleta. Ahora me da risa, pero esa noche por poco le pido el divorcio.

Moría de la ansiedad. Al día siguiente, viajaría en avión por primera vez sola, con Noé Martín, en medio de la pandemia de la COVID-19. Mi bebé, que no había salido desde marzo, saldría de casa para montarse en un avión donde andarían flotando coronavirusitos en el aire. Tenía una sed insaciable, lo cual me hacía pensar que tenía la presión alta. Parte del plan de supervivencia en el avión era no ir al baño para nada. ¡Cuán perfecta esa mañana para caer en menstruación! Por el lado positivo, eso explicaba mi colapso emocional. Sin embargo, ya de nuevo en un avión, mientras Noé Martín dormía en mi teta bajo los efectos de la Benadryl recomendada por su pediatra, reflexioné. *Esa no es la Keila que nosotros conocemos.* Con ese pie forzado, evalué mi vida en muchísimos aspectos. Creo que el más fuerte fue preguntarme en dónde dejé aquellos sueños "de juventud" -¿todavía soy joven?- que me mantenían despierta.

Me estremeció la tranquilidad y el silencio de Noé Martín durante el proceso de salir de Puerto Rico. Creo que me percibió tensa y, sabio como es, cooperó conmigo. Viéndolo dormir, conté mis bendiciones prometiéndome no ser pasiva, no dejar que la vida me pasara por el lado, no renunciar a mí misma, pues quiero ser el 100 % de la Keila que soy para mí, para él, para Marido, para nosotros, para el mundo.

Noé Martín se portó de maravilla. Las azafatas lo felicitaron. Cuando recogimos la maleta, hicimos todo un operativo para quitarnos la ropa que teníamos puesta y ponernos una limpiecita, desinfectar todo y ponernos guapos para ese rencuentro con el hombre de nuestras vidas. No tengo el don de palabra para describir con exactitud el cambio que ese niño dio cuando nos reunimos con su papá. Empezó a reír y decir disparates sin parar. Creo que percibió mi cambio de humor y lo imitó. Marido nos recibió con la sorpresa más bella. Alquiló un apartamento hermoso, comodísimo, con una vista impresionante y mucha luz natural, perfecto para que la Keila claustrofóbica que seguía en *lockdown* por la pandemia se sintiera cómoda. Y no solo eso. Nos recibió con un bizcocho hermoso (cuyo diseño fue el primer finalista al escoger el bizcocho de nuestra boda), una botella de *champagne* con dos copas, un regalo para mí y un marco con una foto de nosotros tres para que el apartamento se sintiera como nuestro hogar. Orgulloso, me mostró la compra que había hecho para alimentarnos bien, incluyendo una hermosa piña que parecía ser parte de la decoración. ¿Qué hizo Keila? Obvio: llorar y llorar y llorar. Solté a Noé Martín que corrió por todo el apartamento gritando y riendo de júbilo. Al fin, y a un océano de distancia de nuestra casa, Marido me regresó al hogar de sus brazos.

Las semanas que estuvimos en aquel luminoso apartamento, lejos de los ajetreos puertorriqueños, fueron hermosas. Hasta recibimos detalles inesperados de personas inesperadas que nos hacían sentir que el amor nos arropaba y nos protegía. Ahora bien, también debo reconocer que esas semanas intensificaron mi introspección. Una mañana, le comenté a Marido que necesitaba una libreta. Estaba tratando de organizarme en la sección de Notas de mi celular, pero no me resultaba; me cansaba la vista y la mente. Un par de horas después, él que llega con una libretita hermosísima para mí. La portada y contraportada tenían perritos (voz de niña emocionada). Las páginas proveían para identificar el mes y el día en que escribías. Es absurda la emoción que me provocan las libretas nuevas. Al nanosegundo, la estrené. Comencé a anotar todos los días los detalles del día de Noé para poder identificar patrones, enumerar diez cosas por las cuales doy gracias y anotar mis pensamientos importantes para no perderles el tracto. Los casi dos años sin tener sueños reparadores afectaron mi memoria, y yo me negaba a dejarme vencer. Trazo a trazo, las frases sueltas comenzaron a convertirse en oraciones con mayor sentido. Mis manos empezaron a recordar ese hermoso hábito de escribir. En absoluta sincronía con mi proceso de introspección, traje de vuelta a Puerto Rico mis ansias de fijar en papel el universo de ideas que mantuve restringido entre sien y sien por tanto tiempo.

Antes de cumplir diez años, me obsesioné con fundar un periódico de nuestra comunidad. No lo hice, pero lo soñé. En la escuela superior, cofundé el periódico *Grito Juvenil*. Fue todo un éxito; mis compañeres de clase esperaban su publicación para leerlo completo. Escribí canciones para mi banda de *rock*. Estudié periodismo. Yo decía que, a los veinticinco, tendría cinco libros publicados. Eso tampoco lo hice, pero escribía con bastante frecuencia. Publicaba ensayos en mis redes sociales -antes de que se formara todo este estilo de vida, porque no es fiebre, que existe ahora- y recibía buenas reacciones de mi minúscula, pero hermosa comunidad de lectores. Luego, comencé a estudiar Derecho. Todo, incluso mi pasión por la literatura, se detuvo. Me gradué y, aunque retomé ese placer de leer, no me atreví a volver a escribir. El Derecho me había convertido en una escritora de oraciones con sintaxis autómata. *Lobo, busca la bola*. Llegó mi vida familiar, mi vida actual, con dos o siete crisis y me entró el duelo. ¿Morí?

Lloré. Por razones que poco a poco iré tatuando en estas páginas, lloré y lloré desconsolada. Varios de esos ríos iban dedicados a muchas preguntas. *¿Por qué me abandoné? ¿Dónde quedaron esos sueños? ¿Dónde quedé yo? ¿Quién soy ahora? ¿Qué sueños tengo? ¿Tengo sueños? ¿Se apagó mi llama? ¿Será que tengo que prender otra? ¡Pero es que me niego a creer que ha muerto Keila!* Recordaba mis ilusiones, mis afanes, mis ganas de conquistar el mundo y no las hallaba conmigo en ese agujero en el que me vi. Entonces, llegó el momento de la resistencia. *¡Que no! Que no me he muerto. Que me voy a dar todo el CPR del mundo. Traigan el oxígeno.*

Comencé a observar mi ritmo, entre otras muchas prácticas de introspección, y me determiné a crear el tiempo para volver a escribir. Tenía que atreverme a desencadenar mis dedos, mi mente, mi alma, mi corazón. Había estado tratando de escribir *journals*, pero urgía maximizar el poco tiempo disponible de una manera que fuera más maleable, editable, indeleble... menos susceptible a terminar en una de mis fogatas.

Desempolvé mi computadora; ese aparato que odiaba usar por su insoportable lentitud. Con la ayuda de mi hermano, la regresé a su estado de fábrica para ver si así recuperaba velocidad. Guardé todas mis fotos y documentos en la nube. Me aseguré de tener copia de todo antes de borrarlo; luego me percaté de que nunca grabé nada. Es decir, se borró lo que fui. Y así, resignada, pero decidida a resucitarme, lo solté. Activé la licencia que llevaba años pagando sin usarla y ya al fin estaba lista para trazar estas líneas. Lenta, muy lenta aún, pero lista. Con mi ritmo observado y mis metas establecidas, me sorprendí *procastinating*. No era para menos. Estaba intimidada. *¿Cómo escribo otra vez? ¿Qué escribo? ¿Y si salen cosas que no debería escribir, pensar, sentir?* Dos o tres autobofetadas simbólicas y al mambo. Si me iba a resucitar, me iba a resucitar completa y sin censura. *¿Que soy jueza y me van a leer? No he cometido ningún crimen. Les jueces también somos seres humanos. Es posible que este puesto acabe cuando venza el término o antes o cuando cumpla setenta, y entonces quedo yo. Yo soy, sin adjetivos ni títulos, SOY.*

Recibí numerosos frenos y obstáculos; la mayoría absoluta provenientes de mi interior. Sin embargo, fueron superados por la gasolina que recibí de parte de quienes me rodean. De pronto, Marido me explotó el corazón regalándome un "bulto de escritora". Ya era María Magdalena y todavía no sospechaba que lo que parecía una caja de ropa era una computadora nueva. Nos hicimos una sesión de fotos de familia en el Manantial de Manatí y, de la nada, el fotógrafo me comentó que su esposa tenía un curso dirigido a que más mujeres latinas pudieran publicar sus libros; ella me alinearía con mi propósito, me daría herramientas para escribir, me enseñaría a preparar la propuesta y a conseguir un *book agent*. Todo. Y si me quedaba alguna duda, mi sobrina. Tremenda apuñalada a mi corazón la que recibí cuando mi sobrina mayor, quien ha estado en mi vida por dieciocho años, se sorprendió cuando comenté que estaba escribiendo un libro. "¡Titi! ¿¡Tú escribes?! ¡Yo no sabía que tú escribías!". Así de desconectada estaba de mí misma. *Watch me!* Yo estaba *on fire*. Mi inspiración activa a todas horas. Mi productividad también estaba por las nubes. Las ideas llegaban y llegan sin parar. Según recomendado, las anotaba al momento para no olvidarlas. Mi poder creativo despertó.

Dicen que lo semejante atrae a lo semejante, que como es afuera es adentro, que lo que uno siente y piensa se convierte en tu realidad. Pues vibrando en letras, hubo otro desempolve.

Uno de mis más grandes temores es olvidar: llegar a vieja, mecerme en un balcón y no tener idea de quién fui; olvidar las experiencias que hoy vivo con la intensidad de cada tipo de emoción; desde las más alegres hasta las más desgarradoras. Este miedo es la génesis que ha dado paso a innumerables *journals*. Desde una edad bastante temprana, comencé a dedicar tiempo con bastante frecuencia, a poner por escrito todo lo que viví en el día, con lujo de detalle. Así, esa vieja se mecería en su balcón leyendo y reviviendo; y a su vez, dejaría una buena lectura como legado a sus descendientes. Dejé de hacerlo cuando me pregunté cuántas aventuras estaré dejando de vivir por dedicar tiempo a eternizar las que ya había vivido. Lo mejor sería tener una clon que me persiguiera y fuera documentando todo.

Más de un *journal* terminó hecho cenizas. Repasándolos años después, me parecían bastante incriminatorios, aunque aseguro que no por haber cometido alguna ilegalidad. La Keila conservadora en mí, la esclava del qué dirán, destruyendo posibles *best-sellers*. Otros lograron sobrevivir, pero con residuos de páginas arrancadas para sospechar que allí hubo algo escrito que temí que fuera leído. Aún respiran algunas letras, que antes hubiera descrito como "incriminatorias", pero que siempre tuvieron y tienen vida propia; que aniquilaban y aniquilan al instante cualquier intento de intención de destruirlas, diciéndome "si me quemas, te estás quemando a ti misma". Entonces, ante vidas nuevas, ¿qué hice con ellos? Cinco años en maleta bajo llave; llave que no existe.

Marido me inquirió con toda curiosidad en más de una ocasión: "¿qué tú tendrás escondido ahí?". Con toda honestidad, afirmo que, en esta relación tan noble, no tenía ni tengo miedo de que él vea y lea mi pasado. Lo conoce. Sin embargo, su curiosidad me parecía tan particular, que por cinco años me hice la interesante. Dejé que imaginara lo que quisiera imaginar. Que tuviera presente que tuve pasado y que ese pasado era solo mío. Hasta que, en este proceso de rencontrarme (deporte que practico de cuando en vez), le metí tijera a la maleta o, mejor dicho, a la caja de Pandora.

Me senté a leer el *journal* que sabía más pesado que todos, aunque fuera el que menos páginas tenía. Me sorprendió mi letra que, con su perfección, evidenciaba la solemnidad con la cual practicaba ese ritual de eternizar mi memoria. Cada frase, tan bien pensada. Tanto sentimiento. Me sorprendí, porque las fechas eran anteriores al comienzo *formal* de la etapa que se convirtió en tormento. Había olvidado que todo comienzo formal está precedido por algunos pasitos *informales*. ¡Cuánto sufrimiento encontré en esas letras! No me reconocí en lo absoluto. Había decidido leerlo completo, pues, como dije, eran pocas páginas. No pude. Esas hojas de papel escritas con letra perfecta albergaban demasiado dolor.

Solté el *journal*. Solo pasaron algunos minutos para que me diera cuenta de que tenía el pecho apretado y mi corazón acelerado.

Keila, ya pasó. ¿Pero por qué te pones a leer esas cosas? ¿Acaso quieres vivirlo de nuevo? Hey, hey, hey. Detén el ataque. Okay, Keila, siéntate y siente. Respira. ¿Qué te quieres decir a ti misma? ¿Por qué te sientes así si ya sabes que eso quedó en el pasado y hoy estás bien? ¿Será tu niña interior?

A ver, Keilita, ¿dónde estás? ¿dónde te escondes? Mírame. ¿Qué te sucede? Todo está bien. Todo está bien. Dejé que te hicieran sufrir, ¿verdad? Perdóname. Debí haberte protegido. Yo también soy responsable de todo lo que te hicieron porque lo permití; porque no puse los límites que pongo ahora. ¿Ves? Eres divina, eres amor, y mereces eso: amor. ¡Te amo! ¿Ves cómo ahora todo es armonioso? Créeme que hoy jamás permitiría que te hicieran eso. Hoy vivo respetando nuestros límites, dándonos a respetar, y mira qué bien nos va. Él no se ha ido, al contrario, ama y lo demuestra. Gracias por ser fuerte y permitirme crecer, aprendiendo a fuerza de cantazo. Perdóname.

Y de pronto entendí que todavía dolía porque no había puesto mi atención y mi energía en lo que Keilita me quería responder: Ya, tranquila, ya… Te perdono.

H'oponopono.

Me perdono.

Hoy es 10 de enero de 2021 y ya es de noche. Estoy leyendo las palabras de mi amada esposa, de Keila. Ella narra muchos temas; no obstante, uno de los que menciona y llama mi atención tiene que ver con los roles: con el rol de la masculinidad, el rol de mujer en la casa, en los quehaceres del hogar. Es bien interesante porque lo que ella dice es verdad; y yo creo que todos los que estamos leyendo lo pensamos alguna vez. Así nos criaron y así, muchas veces, seguimos viviendo. Tenemos amistades que piensan de esa manera. El hombre va a trabajar, es el que provee y llega a la casa. Están los alimentos que ha preparado la mujer, quien a su vez tiene que haber limpiado y dejado todo en orden.

Yo te digo como hombre que pude haber pensado que eso era así durante toda mi niñez y mi juventud. Me crie en un hogar cuya jefa de familia era una mujer. Vivía con un hermano y una hermana mayores que yo. Éramos cuatro; un hogar no tradicional. Había una diferencia de edad entre mis hermanos y yo. Mi hermana me lleva diez años. Yo era el bebé, el menor; no me correspondía hacer nada extraordinario. Lo único que hacía, que me enseñaron desde chiquito y créanme que lo hago todos los días, es levantarme y hacer mi cama: doblar las sábanas y acomodar las almohadas. Yo no me puedo levantar e irme del cuarto sin que esté la cama preparada; si no lo hago, pienso que no empecé mi día bien. Mami lo hacía todo. Mapeaba, barría, limpiaba, lavaba mi ropa. Incluso, hasta mis primeros años de universidad, yo no hacía nada. Era un *mama's boy*.

Nunca limpié baños en mi casa. Posiblemente pasé un pañito, pero no era parte de mis responsabilidades. Mi mamá, en ese sentido, fue bastante protectora. Tengo que admitirlo: fue y es una mujer machista. Una mujer que entiende que el rol de limpieza y los quehaceres del hogar recaen en la mujer. Viví en un hogar machista, matriarcal, en el que ella dominaba y determinaba cómo eran los roles; roles que ella y mi hermana asumían. A pesar de eso, ella fue una líder. Fue una mujer empleada doméstica inmigrante de la República Dominicana, que echó hacia adelante a mis dos hermanos y a mí, y que, al sol de hoy, con sus ochenta, continúa trabajando para poder enviar su aportación a su familia en Quisqueya. Yo soy hoy quien soy, con mi educación, con mis títulos, con mi profesión, gracias al esfuerzo que ella hizo. Vivo agradecido con mi mamá.

A veces, uno como hombre, se dice: "oye, pero es verdad: ¿quién va a limpiar? ¿quién va a barrer? ¡La mujer!". Nunca hice nada de eso hasta que me mudé a los 26 años cuando terminé la Escuela de Derecho, revalidé y compré mi apartamento. ¿Quién iba a barrer? ¿Quién iba a lavar los inodoros? ¿Quién iba a mapear? ¿Quién iba a cocinar? Lo tenía que hacer yo. Al principio, yo no cocinaba. Iba a casa de Mami y buscaba comida. Pero la madurez, el ser soltero, me enseñó que tenía que mantener mi apartamento porque, si no, se me iba a caer encima. Debía cocinar porque era mi responsabilidad cuidarme, alimentarme, nutrirme. Ese proceso de la soledad creó en mí un nuevo nivel de responsabilidad. También tuve el ejemplo de mi mejor amigo Walter: él es el que cocina en su casa, el que elabora buenos platos, salsas, guisos.

Yo lo visitaba cuando estaba soltero casi dos y tres veces al mes y vi ese proceso. Vi cómo él llevaba su hogar junto a su esposa y su hijo. Vi que realmente esos estereotipos de que el hombre no tiene que hacer esto, que la mujer es la que tiene que hacer aquello, no tienen sentido.

Ya cuando tengo a mi esposa a mi lado, mujer que amo, a Keila, y formamos este hogar, te voy a ser sincero: a veces yo digo: "oye, Keila, ponte a mapear o ponte a hacer esto". Pero no lo hago porque entienda que ella lo tiene que hacer porque es mujer; sino porque es un trabajo en equipo. Los que me conocen saben que soy superorganizado; soy superestructurado; me gusta cuidar mis cosas; me gusta cuidar mis zapatos. Yo tengo zapatos que tienen más de ocho o diez años. Tengo piezas de ropa que tienen más de diez años porque siempre he sido una persona que me gusta cuidar lo que tengo. No me gusta que se me deterioren las cosas. Y así veo mi casa. La veo como el lugar donde habito, donde me gusta compartir con mi esposa y con mi hijo. Si yo veo algo que está sucio, lo limpio. Soy un poco compulsivo con eso. Disfruto limpiar mi cocina, brillar mi estufa y elaborar platos sencillos. De saber hacer poco, ahora me entusiasma y me gusta. Es una terapia. Lo hago con vino en mano, aunque ya no estoy bebiendo mucho para cuidar mi salud. Lo veo como un *jangueo* en mi casa: cocinar y beber un vino, compartir. No puedo tener mucha ropa en el *laundry* acumulada porque eso me da estrés. Claro, también hay un balance porque si yo lavo, a Keila le toca doblar y viceversa. Aunque creo que hago *laundry* más que ella.

Otro ejemplo: nunca he considerado que pegar manguera tiene que ser un rol de la mujer. Si fuese así, si la mujer hiciera todas las tareas del hogar, entonces ella tiene derecho a decir yo no voy a trabajar más y tú, hombre te dedicas a ir al Tribunal a trabajar, traer el cheque, alimentarnos y comprarme ropa. Entonces yo friego, yo mapeo y yo cuido al nene 24/7. Pero en el siglo 21, la realidad de muchos hogares es que, para poder tener una buena calidad de vida, tener los recursos económicos, poder dar una buena educación y tener un buen balance, ambos tienen que trabajar. De igual manera, estamos hablando de Keila. Ustedes la conocen y, a pesar de que ella estuvo en esta etapa evaluando lo de la licencia sin sueldo por unas particularidades de nuestra vida, es como le dice su gran amigo, ella es la profesional, la que se ha fajado, la que ha estudiado, la que quiere salvar al mundo. Ustedes que la conocen no se imaginan a Keila todos los días en la casa sin hacer nada en términos profesionales.

Yo he tenido que aprender a hacer muchas cosas porque, cuando ella está fuera del hogar, yo me tengo que quedar solo con Noé. La pandemia me ha forzado a asumir con más frecuencia roles más allá del *laundry* o de lavar el baño; a asumir más mi rol y mi responsabilidad de padre que cambia pañales, que hace comida, que duerme al bebé, que baña a Noé. Y no estoy diciendo que lo hago únicamente cuando estoy solo con él; es mi deber de padre asumir mi parte en su crianza en todo momento. De ninguna manera, considero que es una ayuda para Keila y la pandemia me ayudó a internalizarlo de verdad. Creo que la pandemia ha catapultado unos cambios en las mentalidades de cómo uno hace las cosas y ha roto estereotipos.

Siempre he pensado que, cuando tú amas a alguien y amas a tu esposa como yo la amo a ella y amo a mi hijo, uno hace todo por ellos de forma natural, sin sentir que es un esfuerzo o sacrificio. Yo me desvivo por ellos. Yo quiero que ellos estén felices, que estén cómodos. También sé que ella lo hace porque lo percibo, lo siento. Además de yo querer hacerlo para que ellos estén felices, lo hago para que sea recíproco, porque también siento lo que ella hace por mí. Eso es bien importante en una relación de pareja. No nos llamemos a engaño. No es dar, dar, dar nada más. Tú también quieres recibir. Somos seres egoístas y estamos acostumbrados al *pampering*. A mí me gusta que me mimen y a mí me gusta mimar en la medida en que me miman. Doy y recibo. Es un ciclo. No estamos hablando de cosas materiales, sino de afecto.

De esta forma, tengo un hogar con compromiso, amor y con mucha entrega para nuestro hijo y para ella. Y eso de dar lo sentí ese 29 de julio, en el que ella iba a llegar a donde yo estaba: a Texas. Yo me había preparado. Fue un proceso difícil. Yo no esperaba estar unas semanas alejado de ellos, pero sabía que había que hacerlo. Cuando me dijeron que tenía que estar más tiempo, más de un mes, el mundo se me vino abajo. No lo esperaba. Mi plan era estar de regreso en Puerto Rico en dos semanas. No visualizaba estar tan lejos de Noé y Keila en plena pandemia. Mis ángeles, Sonia y Walter, estaban conmigo durante esas dos semanas que nos embarcamos a la distancia dejándolo todo en Puerto Rico, con los riesgos de la pandemia que cada vez arreciaba con más fuerza en Estados Unidos, particularmente en la ciudad de Houston a donde nos dirigíamos. Durante esas semanas, Legna y Pablo nos acogieron en la intimidad de su hogar, sin que les preocupara que ella estuviera embarazada y que nosotros fuéramos viajeros supuestos a estar en cuarentena. Esos seres humanos espectaculares fueron testigos de mis noches de ilusión, pero también de mis días tristes.

Llegué a mi cita de seguimiento. Mientras caminaba por los pasillos de aquel edificio, rezaba que todo estuviese bien. Mis manos sudaban. Recuerdo que entré en una capilla en el *lobby* y oré mucho porque en esa cita me dijeran *"Mr. Orta, you can return back to Puerto Rico right now"*. Seguí mi caminar por los pasillos y tomé un elevador que me llevaría al área de recepción donde tendría mi encuentro. Allí me identifiqué para continuar mi ruta en silencio, haciendo mis ejercicios de respiración y exhalación para relajarme y calmar mis emociones. Entré al cuarto donde me esperaban y allí conecté a mi esposa desde mi celular por *Facetime*. Una vez comenzaron a explicarme e informarme que me tenía que quedar mínimo seis semanas más, me quedé sin expresión. No entendía por qué. Me sentía impotente de tomar decisiones y no sabía qué hacer. Se me cegó el pensamiento y solo escuchaba palabras en inglés sin sentido. Empecé a llorar. Mi corazón latía apresuradamente y no sentía ganas de levantarme de aquella silla. Me sentía falto de dirección. Respiré y sentía que las fuerzas volvían a mí y que retomaba nuevamente mi campo visual con un poco más de entendimiento y lógica. No sé qué fue, pero en ese momento pensé *pues,* lo voy a hacer, voy a luchar y si lo tengo que hacer solo, lo haré. Mi esposa, sin pensarlo un segundo, me dijo: "Noé y yo vamos a estar contigo, vamos a ir para allá".

No les voy a negar que caminar por aquellos pasillos para salir del edificio me tomó el triple del tiempo de cuando entré. Caminaba lento. Toda mi fuerza y energía estaba en cuestionarme en ¿cómo lo iba hacer?, ¿cómo me iba a sentir físicamente?, ¿resultaría lo que me explicaron?, ¿cuánto costaría? Mientras salía pasé por la capilla y nuevamente me detuve allí. Mis oraciones eran más intensas porque temía lo peor. Tenía tantas y tantas preguntas que no sabía cómo responderlas para seguir batallando con la realidad que enfrentaba en ese momento de mi vida. Una vez salí del edificio, Sonia y Walter me esperaban en el carro. Entré y cerré la puerta, pero no podía hablar. Las palabras no me salían y comencé a llorar y llorar sin parar. "José, vas a estar bien, nosotros estamos aquí contigo y vamos a ayudarte a planificar todo antes de nosotros irnos de regreso a Puerto Rico". ¡Wow! Sus palabras y compañía me confortaron. Mientras Walter conducía, comencé a tener un mejor entendimiento de lo que iba a hacer para continuar junto a mi esposa y nuestro Noé. Esa tarde salimos directo a una pizzería y con una botella de vino blanco comenzamos a celebrar por la vida.

Ya de vuelta a la casa, Legna y Pablo hicieron con nosotros un círculo de oración para mí. Las palabras poderosas que salían de la boca de estos dos seres de luz me energizaron de una manera nunca antes vivida por medio de la oración. Dejé de sentir la agonía que enmarcó mi cita de la tarde. Ese día, sentí nuevas energías y deseos otra vez de continuar cumpliendo mis sueños, con ganas de devorarme el mundo.

Keila y yo teníamos estrés por montar a Noé en un avión con la situación de la COVID-19, pero a la misma vez yo tenía mucha ilusión de ver a ese chiquito, ver a mi bebé que ya tenía el año y yo no había estado físicamente con él en su primer cumpleaños. Tenía mucha ilusión de que estuviéramos los tres juntos, que fuéramos la familia que éramos antes de yo partir.

En la soledad del cuarto donde me estaba quedando bajo el techo de Pablo y Legna, me conecté usando mi *iPad* y compré el pasaje. En ese mismo instante llamé a mi esposa y le dije: "tú vas a viajar y tienes que viajar en primera clase para estar cómoda con Noé". Nunca habíamos viajado *First Class*. "Yo te compré el pasaje y llegas tal día a tal hora". Ese proceso fue como si estuviera esperando a Santa Clos, a los Reyes Magos o al niñito Jesús. No podía dormir. Estaba pensando en cada detalle, en ver los apartamentos. Sonia y Walter fueron conmigo a ver varios.

Una de las noches, estábamos los tres planificando mi estadía en Houston una vez llegaran Keila y Noé. Yo tenía un listado de posibles apartamentos cercanos al lugar donde me tenía que reportar todos los días por las próximas semanas. En ese proceso hasta discutimos porque yo estaba bien exigente: eran apartamentos oscuros o lejanos; o no tenían balcón o daban para un patio sin vista. No encontraba el lugar idóneo para estar en plena pandemia. Keila y yo nos protegemos mucho. Yo quería un lugar cómodo, un lugar que respiráramos tranquilidad, ilusión, nueva vida; que respiráramos amor, que respiráramos bienestar. Yo quería un sitio que nos ayudara a enfrentar este reto de vida y que de allí saliéramos con nuevas metas y sueños. Llegamos a este edificio que nada más con verlo me hizo pensar: *yo creo que aquí el budget se fastidió*. Pero cuando abrí esa puerta, vi esa cocina con aquellos topes, enseres, incluyendo lavaplatos, doble horno y vinera; luego seguía la sala desde donde se visualizaba al fondo la ciudad de Belaire; el cuarto tenía una pared completa en cristal con una vista monumental a la ciudad, dije: *este es el sitio, no importa lo que cueste, porque lo más importante es que estemos juntos, que estemos cómodos, que Noé se lo disfrute y que ella esté tranquila entre estas paredes*. Íbamos a estar prácticamente el 98 por ciento del tiempo dentro de ese sitio. Oye, el apartamento tenía lavadora y secadora, así que Keila no tendría excusas. Mi decisión fue basada en ellos porque, si fuese por mí solo, yo me hubiese quedado en un cuarto, en un estudio, en una habitación de hotel. Pero eran ellos, mi familia. Quería que se sintieran cómodos a pesar de los procesos que estábamos atravesando.

Firmé el contrato del apartamento así que ya esa tarea estaba completada. Ahora tenía que llenar la nevera. Comencé a correr para hacer la compra. Compré quinoa, vegetales, frutas, galletas y panes integrales, salsas orgánicas, merienditas para Noé bajas en azúcar, aceites, yogurt, café, té, hasta detergentes y productos para limpiar el apartamento. Bueno, se me hizo fácil lo de los detergentes por la experiencia adquirida ya en nuestra casa. Pero quería también tener unos detallitos para ellos entre los cuales escogí un bizcocho que era el que en un momento queríamos para la boda. Yo quería que cuando ellos llegaran se sintieran en casa; se sintieran que no había sacrificio, que estábamos en una nueva vuelta a la vida en un proceso de mucha ilusión y alegría. Dentro de todo, vi una pausa en nuestro tren de vivir con prisa, de vivir la vida de juez y jueza, de vivir la vida tradicional de llevar a Noé a un cuido, de buscarlo, de correr, de ir al gimnasio por las noches. Quería un ambiente de mucha tranquilidad y espiritualidad. Un espacio en que pudiéramos compenetrarnos y darnos calidad de vida.

El 29 de julio de 2020, yo estaba bien nervioso. Tenía muchas cosquillas en el estómago. Estaba bien ansioso por ver a Keila y Noé salir por ese aeropuerto. Sonia, Legna y Pablo me llevaron hasta allá. Estaba como si fuese a salir en una obra de teatro, que a uno le da el frío olímpico. Tan pronto los vi salir con su *faceshield* y todo su andamiaje de COVID-19, empecé a sonreír, empecé a decir "gracias, Dios, que llegaron sanos y salvos; que pudieron superar el reto del viaje". Noé empezó a "hablar" un montón en el carro, bien alegre, y mi ansiedad se transformó en un momento de mucha alegría y de mucha compasión. Sentí mucha tranquilidad. Dije "no estoy solo; tengo a mi esposa; tengo a Noé" y vi un nuevo comenzar. Vi una oportunidad de estar juntos, de formar como yo he dicho este hogar en la distancia.

Yo estaba motiva'o, pompia'o, de que vieran los detallitos que les tenía y con mucha ilusión de que Keila pudiese ver el lugar donde íbamos a estar por las próximas semanas. Un lugar que había escogido con mucho amor, mucho sentimiento. Y la vi a ella tranquila. Me sorprendió. No la vi muy ansiosa, ni en estrés. Me imagino que la ansiedad la vivió los días antes al estar preparando la maleta para luego montarse en el avión y estar a bordo casi cuatro horas con Noé. Pero la vi con mucha ternura. Sus ojos brillaban. No dejaba de tocarme yo tampoco a ella.

Llegamos al edificio y me dio gracia porque pasamos por el edificio donde estaba el cuarto color café con leche sobre el cual supongo que más adelante les hablaremos un poco. Le dije que ahí era que nos íbamos a quedar y ella se puso pálida. Dijo: "No puede ser". Y le dije "nah... embuste". Bajamos al *lobby* del edificio correcto, que quedaba justo al lado, y vi en ella la misma impresión que tuve yo cuando entré al edificio con mis amigos a ver el apartamento por primera vez. "¡Wow! ¿Aquí es que nos vamos a quedar?". Empezamos a caminar y ahí vi a Keila sonriente, buscando, mirando a su alrededor, con mucha curiosidad sobre hacia dónde íbamos.

Entramos. Abrí la puerta del apartamento y los ojos de ella salieron como dos soles. Vio el bizcocho, vio los detallitos que estaban en el *counter*, vio la foto que había preparado con la idea de mi gran amiga Sonia para darle ese toquecito de hogar a ese apartamento. Se abrazó a mí. Le dio la chiripiorca como cuando le pedí matrimonio en Vieques y como cuando le regalé en diciembre de 2020 la computadora que ha sido el instrumento para escribir estas líneas. Sentí satisfacción. Pensé: "se siente como nuestro hogar". Noé empezó a correr por toda la sala, treparse por los asientos, entrar al baño y luego Keila vio ese gran ventanal en el cuarto. ¡Se puso tan contenta! Yo creo que la claridad total del apartamento era lo que yo percibía: una luz al final del túnel. Sentí que podría sobrellevar los temores que tenía, con la compañía, la fuerza, la energía de mis dos seres queridos.

En una de esas mañanas en las que tenía que salir del apartamento que se convirtió en nuestro nuevo hogar en la distancia, entré en un *gift shop* para ver si conseguía ese *journal* que mi Keila me comentó que necesitaba. Pues sí, encontré uno perfecto con una portada con diseño de perritos. No lo pensé dos veces y compré ese. Sabía que le iba a gustar; se veía que era ella, y más considerando que le gustan los perros. Intento complacerla en todo. Quería que se motivara para que escribiera y expresara sus pensamientos. En esa luminosidad de nuestro hogar en Houston inició parte de lo que ella quería hacer, de lo que estábamos haciendo con su escritura. Ese proceso que vamos a relatarles fue la piedra, la semilla de esto que ustedes están leyendo hoy.

IX

9 de julio de 2020

A mis *roommates* de Santa Rita les encantaba ir a *Ocean Park*. Yo no entendía por qué a la gente le encantaba ir a una playa en la que el mar casi siempre está bravo, el viento sopla fuerte, se te pega arena a la piel, máxime si estás acostado, y donde apenas hay dos o tres palmas en las que refugiarte para un poco de sombra. Ni hablar del lío del estacionamiento. Lo positivo era que había *beautiful people* por todas partes. Aunque disfrutaba la vista -de la pasarela más que del paisaje, porque no satisfacía mi necesidad de desconectarme de la ciudad viendo tanto edificio-, me daba calor, sed, emplegostamiento; terminaba aborreci'a y deshidratada.

Mi relación con la playa se remonta a los archivos más antiguos de mi memoria. Todos los veranos, la familia de mi padre, que era uno de diez hijos, se quedaba al menos una semana en el complejo de cabañas de

Boquerón. Planificaba la estadía con tanta anticipación, que lograba reservar una cabaña al lado de la otra, todas frente a la orilla del mar. El plan era estar todo el día en la playa, excepto cuando el cansancio podía más que las ganas de pasarla bien; les adultes nos velaban desde la mesa de dómino o desde el fogón de la cabaña. A les primes mayores les correspondía velar por les menores. Durante la tarde solíamos ir de pesca. Recuerdo muy bien cómo intentábamos capturar peces con un hilo enrollado en latas de *Coors Light*. ¡Qué sensación increíble cuando los peces halaban el hilo! Ya luego los veía y me entraba el cargo de consciencia porque, al menos yo, no me los iba a comer. Entonces, ¿para qué?

Llegada la adolescencia, nuestras visitas anuales a la playa se convirtieron en esa oportunidad de hacer amistades de otros pueblos. Amistades masculinas, obvio. ¡Cuántas caminatas dimos mis primas y yo fingiendo que nos gustaba caminar! Con el tiempo, las cosas se complicaron; la familia creció. Una de mis primas se amistó más de la cuenta con un muchacho y eso no resultó de gusto para mi tío. Culminaron las estadías familiares.

Mientras estuve en escuela superior, la playa de Orocovis era Vega Baja. Yo me creía la estudiante más *cool* yendo a las "fugas". Claro, no decía a mis amistades que Mami me había dado permiso. La desconexión con la naturaleza -acabo de acuñar ese concepto- se intensificó, pues nos interesaba más la interacción social que el simple gozo por el salitre. Llegó la época universitaria: la energía, mis amigas de Santa Rita, *Ocean Park* y los tropiezos de la independencia en plena ruta a la adultez. En mi caso, tuve que dejar mi apartamento en Santa Rita para usar el dinero de la renta para pagarme un carro; me mudé con mi hermano a Toa Baja con el acuerdo de mantenerle la casa limpia. Así fue que migré de Ocean a Punta Salinas.

Todos los sábados iba a esa playa. Sola. Me encantaba y aún me encanta porque su orilla es larguísima. En un extremo, tiene la sección del balneario y al otro, océano-orilla-árboles. Cero edificios. Suficiente espacio para alejarte de la música y lograr el silencio. Corría toda la orilla y al terminar escogía un lugar apartado para hacer un poco de yoga, meditar, desconectar y purificarme con el olor del salitre y la música de las olas. De vez en cuando, me entraba la inquietud de ser una mujer sola en una playa apartada. Sería bastante fácil que alguien me arrastrara a los árboles y solo se dieran cuenta cuando identificaran que mi vehículo se quedó, y si no se lo robaron, pues por la peste. Sin embargo, cancelaba ese pensamiento con el mismo poder que cancelaba el miedo de ser violada en Río Piedras, mientras caminaba sola de madrugada hacia mi apartamento después de janguear. Sola, porque yo me les escapaba a mis amigas que bailaban en tacos de cinco pulgadas hasta que salía el sol. Les decía que iba al baño y me iba a dormir, sola, a pie... Porque voy con *Dioj* y la *Vijnen*. Con la violencia que sufrimos las mujeres hoy día, me doy cuenta de lo temeraria que era esa conducta.

Disfruté estar conmigo. ¿Cómo es posible que vivamos tanto tiempo en la trampa de estar desconectados de nosotros mismos; distraídos con tanta nimiedad? Parecería que hay una mente maestra y maquiavélica detrás de ese ritmo que nos hipnotiza para manejarnos a su gusto.

Cuando comencé a trabajar, tuve que modificar un poco mis prácticas, pero las mantuve vigentes. Cuando empecé la relación amorosa con Marido -así le llamo de cariño-, hice otras modificaciones, pero comoquiera buscaba la forma de dedicarme tiempo para estar conmigo misma. Cuando quedé embarazada, incluí a mi bebé en gestación en mis prácticas espirituales y fue hermoso sentirme acompañada por su ser. Marido y yo íbamos a clases de parto en el Centro MAM en Isla Verde con nuestra *doula* Roxanne, y luego nos dábamos la vuelta por la playa. Yo celaba lo que sentía, pensaba y percibía; sabía que todo estaría llegando a Bebé y se convertiría en la base de su alma. Cuando parí, como era de esperarse, el ritmo en cuanto a mis prácticas se alteró. Se convirtió en caos total.

El proceso de convertirse en madre en sociedad es intenso, más para quienes tienen claros sus límites, como yo. Es desagradable -sí, la palabra es fuerte, pero es la que aplica si soy honesta- la cantidad de consejos no solicitados que una recibe hasta de extraños. Aprendí a dejarlos flotar como nubes por mi cielo, pero siempre había quien exigía su retroalimentación, indagaba sobre qué íbamos a hacer y exigía los fundamentos detrás de nuestras decisiones. Por supuesto, todo maquillado de buena intención. Ahora bien, ¿cómo se frena esa invasión a la intimidad familiar?

Viendo la sociedad puertorriqueña desde el estrado de la Sala Municipal, estaba y estoy convencida de que tanto nuestro país como el resto del mundo sufren una crisis de salud mental. Por ello, decidí criar a Bebé de manera diferente y Marido coincidió conmigo. Dicen que es de locos esperar resultados distintos haciendo lo mismo. Bebé sería nuestra aportación a la sanación del Planeta. A esos efectos, cuestionamos todo. Leímos todo lo que pudimos. Estudiamos todo. Fueron cuantiosos los comentarios "inocentes" de que para criar no se estudia. Percibíamos la ridiculización sutil que cargaban.

La primera batalla: el género. Nuestro embarazo se contextualizó en la fiebre de los *gender reveal*. Nos preguntaban cómo haríamos esa ceremonia que estaba tan de moda, partiendo de la premisa equivocada de que la haríamos. La tarea de explicar que, primero que todo, no sería *gender reveal* sino *sex reveal* y que el género es la construcción social sobre los roles que se asignan a cada sexo, fue agotadora. Nos mantuvimos firmes en que el sexo se determina con la diferenciación cromosómica femenino/masculino que se hace al nacer; que al momento del nacimiento, es imposible saber con qué género se identificará -o sea, qué roles asumirá- si alguno, la persona que llevaba en mi vientre. ¿Por qué importaba tanto? La celebración de dicha ceremonia presupone una preferencia de un sexo sobre otro. Por qué nosotros deberíamos celebrar o preferir un masculino sobre femenino o viceversa; por qué era tan difícil comprender nuestro deseo de celebrar que llegaría una vida sin importar su sexo o su género. No necesitamos saber el sexo para decorar el cuarto o para comprar ropa. Sabíamos que criaríamos con perspectiva de género; que todo puede ser neutral o incluso el niño puede usar rosa, la niña puede usar azul o el niñe puede no reconocer la diferencia entre uno y otro, diferencia que no existe. Que ni yo ni Marido tenemos preferencia sobre nena o nene. Que esa mentalidad, esa preferencia disfrazada, es la semilla que termina en la violencia de género y hasta en las muertes que hoy lamentamos. En cierto modo, bastante agotados, cedimos... un poquito, asistidos por las metidas de pata que nos divulgaron el sexo que no queríamos conocer. Lo anunciamos de la manera más neutral que se nos ocurrió: pintamos mi barriga de amarillo y le escribimos un XY. Pocos entendieron.

A esa batalla, siguió la del nombre. Al principio, propusimos alternativas para cada sexo. Es increíble cómo la gente se siente con el derecho de opinar si el nombre es lindo o feo. Terminamos cambiando de nombre y decidimos no decirlo. ¡Tremenda provocación a la sociedad puertorriqueña! ¡Cuántas miradas de cuestionamiento e incredulidad! Y nosotros convencidos de que era posible que Bebé abriera sus ojos y nos dijera con su mirada "que no me llamo así; que mi nombre es este otro". Nunca nos pasó por la mente que lo nombraríamos Noé y él nos salvaría de la tempestad, de su signo zodiacal veraniego, para mostrarnos su bello arcoiris.

Como si no bastara, muchas personas manifestaron su vehemente oposición a que nadie estuviese invitado al proceso del parto; a que solo estuviéramos Marido, la *doula* y, claro, yo. ¿De cuándo acá dar a luz es un evento público? ¿De cuándo acá es un evento público que yo abra las piernas para que mi sistema reproductivo se manifieste y dé paso a otro ser humano? Más allá del pudor, ¿de cuándo acá estamos obligados a permitir la entrada de otras personas a un momento tan íntimo para nuestra familia? ¿Acaso estaban con nosotros en el momento de la concepción? ¿No es el parto la culminación de ese proceso íntimo?

Sé que se lee fuerte. Sin embargo, yo estaba convencidísima de que tomaría todas las medidas posibles para asegurarme de que ese momento tan sublime, no se viera mancillado por vibras equivocadas. Como en muchas áreas de mi vida, quería mantener el control. Quería evitar comentarios fuera de lugar; miradas fuera de lugar; vibras o miedos fuera de lugar. Marido y yo nos entrenamos durante todo el embarazo para que ambos estuviéramos en el mejor estado emocional y espiritual posible para darle a Bebé el recibimiento más sublime. No tuvimos el parto en casa porque salí GBS positivo y la doctora nos orientó que debía administrarme antibiótico antes del parto, para evitar riesgos de meningitis y no recuerdo qué pronóstico apocalíptico más. (Sépase que ese positivo es más normal de lo que suena; que no, no estoy infectada con nada terrible; y que, si estuviera infectada con algo, eso no debería ser estigmatizado). Siendo así, ante lo inescapable de la estadía hospitalaria, queríamos el parto más humanitario y gentil posible. Te copio más adelante el relato que le escribí a Noé sobre cómo nació. Sí. Esta que está aquí escribe cartas a su Bebé al correo electrónico que le hizo y cuya contraseña le entregará en no sé cuál momento de su vida. Retomemos el hilo.

Otra lucha fue nuestra decisión de no usar cuna. Ese fue el comienzo de un aguacero de preguntas y cuestionamientos hacia nuestra manera de criar. ¿Por qué el método Montessori? ¿Por qué no creemos en el entrenamiento para dormir? ¿Por qué no le dejamos llorar; por qué le tengo al hombro todo el tiempo? ¿Por qué no le doy fórmula?... Por qué, por qué, por qué. ¡Porque la madre soy yo y punto!

No soy psicóloga. Sin embargo, mi instinto siempre me gritó que cualquier acción que tomara desde el embarazo tendría una marca irreversible en el alma, la mente, el corazón, la psiquis de Noé Martín. Una amiga, antes de que yo pariera, me dijo: "tienes que verlo como otro ser humano con el cual desarrollarás una relación". Me impactó lo obvio y no tan obvio de su aseveración. Si uno no lo piensa con detenimiento, uno pudiera ver a les bebés como estas criaturitas indefensas que dependen de sus padres para todo y que no tienen la facultad de valerse por sí mismes. Y en efecto. Pero es fácil pasar sin darnos cuenta de esa premisa a "es una persona sin personalidad". No es asunto automático asimilar que ese pequeño ser humano ES una persona en sí misma, con SU personalidad en desarrollo, y con un camino que será independiente al nuestro. Entonces, ¿cómo es posible que se normalice y se fomente tanto la falta de sensibilidad y respeto hacia ese ser humano? ¿Cómo me piden que ignore su llamado de ayuda cuando llora? ¡Apenas tiene algunas semanas! ¿Cómo pensar que lo que quiere es manipular? ¿Qué hay de malo con demostrarle que, cuando pida ayuda, sus padres se la proveerán y lo protegerán? ¿Cómo es posible normalizar lo contrario? ¿Cómo se les hace tan fácil desproteger a un ser tan indefenso solo por lograr comodidad para el adulte? ¿Cuál es el problema con el colecho? ¿Cuál es el problema con que duerma con nosotros por algunos añitos? ¿Pero quién dijo que el único lugar donde se tiene sexo es en la cama y la única hora para esto es la noche? ¿A quién le importa lo que pase en nuestro lecho conyugal? ¿No será que, fomentando que hagamos lo mismo que se ha hecho siempre, buscan minimizar una culpa propia no admitida?

Como de esperarse, todas las luchas mencionadas, sumadas a la realidad actual de nuestra sociedad, hicieron que los primeros meses de maternidad fueran solitarios y duros. Contrario a las historias de la generación que nos precede, nosotros no vivimos en una comunidad con nuestra familia. Nuestros familiares están en otros pueblos. Nuestras madres no están en la mejor posición para ayudarnos a criar, aunque quisieran. Éramos -somos- Marido, Bebé y yo... y el Tribunal.

Inmersa en ese ritmo, los días, las semanas, se esfumaban... y yo, ya sin saber cuándo tuve mi último sueño reparador. Intentaba, a toda costa, cumplir con todos mis sombreros. Pocas veces, por no decir ninguna, lo logré. De hecho, me pregunté en repetidas ocasiones, si la depresión posparto me estaba dando su cruel visita. Me di cuenta de que mi identidad se estaba diluyendo en no sé qué, y me resistí.

A once meses de haber servido como portal al mundo para Noé Martín, me propuse volver a la playa a como diera lugar. Llevaba semanas intentando. Entre trastes en el fregadero, cambios de pañales y demás tareas, se me evaporaba el día. Esa mañana, los platos se quedaron sucios. Poco me faltó para salir corriendo de la casa como si hubiera temblado la tierra (me convertí en experta en ese tipo de huidas desde enero). Noé Martín estaba de buen humor y teníamos el tiempo perfecto para llegar a Punta Salinas antes de que el mediodía azotara con su sol inclemente.

Cuando llegamos, Noé Martín se había quedado dormido. Dejamos la guagua encendida con el acondicionador de aire a *to'jendel*, abrimos la puerta trasera y nos sentamos en el baúl con la playa casi desierta de frente. Volvimos a respirar. Habíamos estado asfixiados sin darnos cuenta. Hablando lo mínimo, conectamos más que lo que habíamos logrado conectar en meses, al menos desde la calma.

Noé Martín durmió como hora y media. Cuando despertó, apenas pestañeaba contemplando el espectáculo que le rodeaba. Sus pies tocaron la arena. Nosotros, observando y preparados para el llanto. Él gozó. En pocos segundos, empezó a correr hacia el agua. Estaba fría, pero le encantó. En un abrir y cerrar de ojos, ya tenía la boca llena de arena y risa. Fue un hermoso privilegio ser testigos de cómo un ser humano tan pequeño se maravillaba reconociendo la playa por primera vez. Con su alegría, nos garantizó que, sin importar las veces en que pensé que era un fracaso como madre, lo estábamos haciendo perfecto en el momento perfecto en el lugar perfecto; que esa plenitud y esa completitud que me acompañaban cuando iba sola a esa playa seguían estando allí; que él también siempre estuvo allí; pues él, su papá y yo... y el Universo entero, somos uno.

Empecé a sentir las contracciones la madrugada del viernes. Eran leves, pero consistentes: cada diez minutos. Me despertaban. En la mañana, dejé de sentirlas. Sin embargo, fueron suficientes para que yo empezara a asimilar la idea de que luego de esos nueve meses de espera, pronto estaría de parto. Mi fecha estimada de parto era el próximo martes 23, pero siempre pensé que me adelantaría. La preocupación: había una marcha convocada para el lunes 22 pidiendo la renuncia del gobernador. Todos los días había protesta en San Juan y nos preocupaba no poder llegar al hospital en Condado.

Ese viernes tenía cita en el hospital para tomar las clases de lactancia. Tu papá no pudo ir conmigo porque tenía compromisos de trabajo y quería dejar sus días libres para cuando fuera necesario. Yo estaba tranquila porque, si me regresaban las contracciones, ya estaría en el hospital. Durante la clase, me sentí superbién. Las demás estaban asombradas porque yo era la que más tiempo tenía y me veía espectacular, sin estar hinchada ni nada. Podía caminar y moverme bien.

Luego de almorzar, cuando iba camino a casa, comencé a sentir de nuevo las contracciones. Esta vez eran más fuertes, pero no tan frecuentes; las sentía cada 30/20/40 minutos (estás de parto cuando las contracciones vienen cada cinco minutos y duran un minuto o más). Me excusé con el trabajo, pues se suponía que me reportara en la tarde, y me dediqué a monitorear esos dolorcitos que se iban intensificando cada vez más.

Cuando llegué a casa, comencé a repasar todo. El bulto uno, el bulto dos... Los perros... Me bañé... Me empecé a planchar el pelo... y a las cinco le escribí a tu papá que no saliera tarde del trabajo. Él me llamó y le dije que tenía contracciones. Él se asus-

tó; estaba como en negación. Cuando llegó, me encontró planchándome el pelo sentada en la bola de yoga. No me creía lo de las contracciones y comenzó a preguntarme a dónde quería salir a comer. Yo le decía que no podía salir; que tenía contracciones y él no me creía. Cuando al fin me creyó, se puso medio nerviosito. Buscó sushi. Comimos. Yo subí para recostarme. Él se quedó abajo preparando cosas y hasta dándose un palito. Ya en la noche, le escribí que le dejara agua a los perros porque nos teníamos que ir pronto. Las contracciones estaban cada 7/4/5/6/3 minutos. Maquillada con trajecito y todo, nos fuimos.

Llegamos al hospital como a las 10:00 p. m. El camino fue eterno; cada brinquito de la guagua me dolía. Las enfermeras actuaban pacientemente, lo cual me desesperaba un poco. ¡Una hasta quería enseñarme a usar el televisor para entretenerme! Tu papá llevó todo lo que aprendimos a usar con la doula para que el proceso fuera más fácil: la bola, la bocina para música, aromaterapia... Me verificaron y estaba solo en un centímetro (pares cuando estás en 10 y dicen que tardas una hora para cada centímetro). Yo me asusté porque eso significaba que nos faltaba todo.

A las 4:00 a. m. me volvieron a verificar y seguía en uno. Lloré. Tu papá fue un campeón. Me consintió y hasta me dio masajes. La doctora llegó en la mañana, me verificó y todavía en uno. Por eso, nos ofreció mandarnos de vuelta a casa para que estuviéramos más cómodos y aceptamos. Si nos quedábamos y no progresaba, me inducirían el parto. Yo no quería que me lo indujeran. Quería que tú decidieras cuándo y cómo nacer.

Ya en casa, las contracciones seguían fuertes pero con menos frecuencia. Estaban cada 30/20/40 minutos. Lo que hice fue dormir entre ellas y tu papá se volvió loco haciendo diligencias. ¡Hasta fue al carro, buscó la mecedora, subió al cuarto y la montó solito! Me compró varias opciones de comida. Cené sancocho con arroz bien rico y me acosté a dormir. Las contracciones estaban cada diez minutos, cada vez más fuerte. Yo me concentraba en respirar sin tensar mi cuerpo. Te susurraba: "¡Vamos, Noé, podemos hacerlo! Baja… baja…". Cuando acababa, te decía: "muy bien, Noé. Somos un buen equipo".

El domingo de madrugada bajé del cuarto a la sala a esperar que las contracciones estuvieran cada cinco minutos por una hora (para no despertar a tu papá). Las sentía ya cada siete cuando intenté ir al baño y sentí una tan y tan fuerte que la barriga se me contrajo como si quisiera parir en ese preciso momento. ¡Grité como en las películas! En cuestión de minutos, ya estábamos de regreso al hospital.

Llegamos a las 7:30 a. m. Esta vez, cuando las enfermeras me vieron quejándome de dolor, no fueron pacientes como el viernes, sino que actuaron megarápido. Me verificaron, ¡y estaba en nueve centímetros! Te parí a las 9:06 a. m. porque tuvimos que esperar un ratito por la doctora; sino, llegabas aún más temprano.

Fueron unos siete pujos, de los cuales tres fueron bien hechos. No tenía idea de lo que estaba haciendo en los otros cuatro. No lloraste al nacer y casi me muero de la angustia. Te llevaron de inmediato a la cunita que había al fondo del cuarto sin preguntarme. "¿A dónde se llevan mi bebé?!", pregunté. Yo quería que te pusieran en mi pecho tan pronto nacieras. Me asusté mucho. Sin embargo, vi tan feliz a tu papá y tan relajadas a las enfermeras, a la doctora y a la doula que me calmé. La doctora me explicó: "no te lo di para que lo estimularan porque no lloró, pero está bien". Y te escuché llorar. Y di el suspiro más potente de alivio que he dado en mi vida. La doula me sonrió. Todos estaban embelesados contigo y yo celosa porque no te veía. Hasta *que te trajeron a mí. Nos reconocimos al instante. Me miraste a los ojos y yo estaba hipnotizada. Te desarropé un poco para que estuviéramos juntos piel con piel y te empecé a lactar. Tú te pegaste rapidito y estuviste conmigo en mi pecho un largo rato antes de que te llevaran al* nursery.

Leer lo que Keila les ha contado sobre nuestra relación con la playa y sobre nuestro proceso de parto, me ha hecho caer en cuenta de algo: en los dos escenarios, yo he tenido que cargar con muchos motetes. Les seré sincero. Nunca fui un fiebrú de la playa. Consideraba que la arena era un *pain;* que eso de estar bajando bultos, bebidas y neveritas era un revolú. Luego, regresar al carro, limpiarse los pies, llegar a la casa, sacar la neverita, sacar la cerveza, ver que no tuviera arena, limpiar la neverita, entonces los zapatos, las chancletas, el traje de baño, bañarse; que si la silla de playa, pegarle la manguera o pasarle un paño para quitarle la arena. Oye, realmente es un *pain*. Era una logística chavona, especialmente cuando, al llegar, tienes responsabilidades en la casa.

Mi familia iba una que otra vez al Escambrón, donde abundaban las escenas pintorescas: el caldero, el fogón, la fritura, las carpas azules, las casetas de campaña, la hamaca, la música, la salsa... Una verdadera muestra de puertorriqueñidad. La alegría, la festividad del compartir del puertorriqueñe en un ambiente sano en pleno contacto con la naturaleza. Mami no era muy amante de la playa. Yo empecé a cogerle un poco más el gusto a la playa ya de joven. A mí sí me gustaba *Ocean Park*. Era un ambiente de *party*, un ambiente de jóvenes, de algarabía, del trago de vodka, del juguito natural, de la cerveza. Obviamente, un ambiente en el que iban las chicas con sus cuerpos tonificados, con sus bikinis sexy. Era un espacio de *beautiful people*, sociable, juvenil. A mí me gustaba. Eso sí: era más superficial. Nunca me vi en la playa con una conexión espiritual; nunca la vi como un ambiente de relajación o de meditación.

A mí siempre me ha gustado hacer ejercicio en el *gym*, el ejercicio tradicional de pesas, pero a la misma vez siempre me han gustado las actividades al aire libre y explorar. En mi proceso de entrenamiento, conocí a unos entrenadores que hacen *boot camps* en la playa: correr, hacer *burpees*, *squats*, *lunges*. Y tengo que decir que, cuando estuve soltero en el año y medio después de romper mi convivencia y que empecé a madurar sobre lo que quería en mi vida, cuando empecé a conocerme a través de la soltería y la soledad, encontré en la playa un refugio. Ahí sí empecé a ir todos los sábados, como parte de los distintos entrenamientos y actividades que organizaban en el *gym*. Se convirtió en una rutina: levantarme temprano los sábados, llevar una merienda, llevarme mi ropa e irme a *Ocean Park*. Bueno, no es *Ocean Park*, es más el área de Condado, entre la McLeary y la San Jorge... la Taft. Para mí era una terapia. Era un momento de relajamiento, un momento de sentir quién era, de sentir que estaba disfrutando estar solo. Era una hora que para mí era sagrada. Bueno, vamos a hacer una pausa porque Noé se acaba de levantar y mi esposa está durmiendo...

Son las 12:15 a. m. Traté de dormir a Noé que se despertó y estaba en su cuarto solo. Es parte de la rutina de nosotros y mi rol como padre. Lo acostamos a dormir en su cuarto, Keila se acuesta en el nuestro, yo trato de dormirlo cuando él se despierta como a la hora, hora y media de dormirse, y así Keila puede descansar un poco más. Lo dormí, bajé y mientras bajaba las escaleras lo escuché. Se despertó. Regresé al cuarto, traté de calmarlo, de dormirlo, pero no quiso. Parece que quería la teta de mamá, así que tuve que llevárselo a mi esposa para que se quedara con ella durmiendo. Eso es parte de este asunto de la paternidad y de esa conexión que uno tiene con los hijos. Me gusta esta dinámica. Y aquí estoy otra vez, retomando el diálogo con ustedes.

    Les estaba comentando de esa fiebre que tuve de hacer ejercicio en la playa, eso que tanto me gustó y que aún me gusta, aunque en estos momentos mi tipo de ejercicio ha modificado un poquito por situaciones que así lo justifican. Disfruté mucho esos sábados. Era una motivación que llegara el día para ir a la playa. Muchas veces llegaba y no había nadie del *team* todavía para entrenar, y me sentaba a mirar el mar, sentir la brisa, ver el cielo. Era un proceso de calmar la intensidad de la semana, del trabajo de lunes a viernes, y sentir que estaba dedicándome un tiempo a mí mismo, más allá del ajetreo de la semana, más allá del *party*, más allá de compartir con mi familia. Aprendí a ver la playa como un escape, como un momento para trabajar mi cuerpo, pero también trabajar mi espiritualidad.

    Es sorprendente, porque yo decía que no me gustaba la arena; y en la playa, cuando estaba haciendo ejercicios sin camisa, con pantalones cortos, eso era hacer *push up* y empanarte todo de arena. Te quedabas así; no te podías limpiar hasta el final de la rutina. Luego, me metía al agua, me cambiaba, me iba a caminar por Condado, me iba a desayunar y fíjate que eso lo hacía solo. Nunca iba con alguien. Esa rutina duró como dos o tres años. Después fue cambiando. Dejé de vivir en San Juan para irme a Dorado. Hubo varias veces mientras vivía en Dorado que iba a la playa en San Juan, pero después lo dejé por razones prácticas y de razonabilidad.

La segunda instancia en mi vida en que tuve esa conexión con la playa fue con la llegada del embarazo de Noé. Cuando Keila me comentó que había unas clases de Centro MAM para ir preparándose para el momento del alumbramiento, yo no lo pensé dos veces. Acepté participar. Desde el primer momento, quise sentir la conexión con mi hijo o mi hija y con mi esposa, ya no tanto de pareja, sino como padre y madre, y tratar de estar en cada momento del embarazo en cada minuto, en cada hora. Ir viendo cómo va evolucionado tu cuerpo, cómo va evolucionando tu forma de ser, tu forma de pensar, tu forma de ver la vida. Tengo que decirles que conocí todo clase de prospecto de padre: aquel que consiente a su pareja; el que hace más preguntas que la propia pareja; aquel que no dice nada y se nota que solo está allí por cumplir; o el otro que le habla fuerte a la pareja al momento de comunicarse durante las contracciones.

Pero es una realidad que, al padre, que no lleva el feto en su vientre, se le hace difícil entender; no lo tiene consigo, no lo puede palpar, no puede tocarse su barriga, aunque sabe lo que hay en el vientre de su pareja. Es bien distinto para nosotros los hombres internalizar y entender que vas a ser papá cuando no tienes un bebé en tu cuerpo. Al principio, aunque tú te emocionas, eso es como algo abstracto; algo surreal. La emoción que tiene mamá que se toca la barriga, que se mira al espejo, que lo siente, que duerme con él adentro, que está 24/7 con el bebé, es algo que nosotros, los hombres, no tenemos.

Yo quería crear esa conexión desde el momento que me enteré de que iba a ser papá y no dejarlo para cuando mi esposa tuviera cuatro o cinco meses y yo dijera *ah, voy a ser papá, ahora se le nota la barriga*, no. Aunque no se viera la barriga, aunque no se sintieran sus movimientos, yo quería estar con mi esposa en todo momento y ver su transformación física e interna porque yo sabía que eso iba a hacer la diferencia, porque iba a crear más conexión tanto con ella como con el bebé. Especialmente con ella, para ir viviendo el proceso juntos; ir viendo sus preocupaciones, leyendo con ella, hablándonos y que estuviéramos listos los dos; que yo pudiera ser un apoyo en el momento del parto, porque la conocía desde el minuto uno hasta la semana número cuarenta.

Ya mis sábados no eran mis sábados de ir a entrenar y hacer ejercicios como cuando estaba soltero; ahora eran sábados de ir con Keila al Centro MAM. Estar con ella en la clase, escuchar, entender cómo era el proceso de ese parto, mi expectativa, qué iba a pasar en el hospital, compartir con otras parejas que estaban viviendo el mismo proceso y luego caminar hacia la playa y estar allí hablando, conversando, viendo la naturaleza, viendo el mar, sintiendo las olas, la arena, el agua, caminar. Después, almorzar por el área o tener algún *brunch*.

Ya en los últimos días antes de la llegada de Noé, organizaron una clase de relajación para las madres dentro del agua. Ese sábado en la mañana, acompañé como ya estaba siendo costumbre a Keila a nuestra clase. Yo me senté en la orilla a disfrutar de su pipa hermosa y perfecta mientras ella comenzaba a caminar hacia dentro del mar. Tengo que decirles que ella estaba un poco ansiosa y nerviosa porque era algo nuevo y diferente en su vida. Pero una vez mi esposa comenzó a caminar lentamente hacia el agua, vi como su rostro se transformaba con una mirada suave y dejándose acariciar por la brisa mañanera. Keila comenzó a disfrutar cada paso en la arena caliente mientras caminaba luciendo su vientre al sol y poco a poco las olas del mar ya acariciaban a nuestro Noé. Allí vi a una Keila que se disfrutaba su playa como aquellos días en Toa Baja. Era otra dinámica. Eso me permitió comenzar a ver y a reflexionar sobre mi vida como padre, esposo, como una familia junto a mi Keila; no algo individual como era antes. Para mí, estar en ese escenario de la playa en distintas etapas de mi vida abonó a mi desarrollo, entendimiento, transformación y espiritualidad para sobrevivir este 2020.

El 9 de julio de 2020, regresé a la playa. No solo como antes, tampoco como pareja esperando a Noé, sino en una familia de tres. Regresamos a la playa en el 2020, en pandemia, bajo unas estrictas restricciones, pero con nueva vida; con nueva esperanza, con salud, con haber tenido y afrontado ciertas dificultades en esas semanas previas que yo nunca pensé que iba a pasar en mi vida, en mi cuerpo. Con una marca física que va a estar siempre ahí. Regresar a la playa con toda esas experiencias y dificultades, pero con nuestro hijo que nunca había ido a la playa, fue un momento de felicidad, crecimiento y espiritualidad. Fue una oportunidad de dar gracias a la vida por estar aquí y darnos el privilegio de continuar juntos como familia, de sentir la respiración, sentir que estoy vivo, sentir que hay una criatura que se ríe, que goza con nosotros y que yo voy a estar ahí junto a Keila y ella va a estar ahí junto a mí para formarlo como un ser humano de bien, en contacto con su naturaleza. No podía creer que mi sueño de regresar con vida y salud se estaba viviendo en el Toa Baja de mi Keila donde ella encontraba su paz, su espiritualidad, su evolución como mujer. Ahora siento que ese rinconcito también es mi bálsamo de recuperación y crecimiento interno. Ese espacio me ayudó y me ayuda a recobrar mis energías para continuar soñando con más fuerza y permitirme gritar a los cuatro vientos: *¡Estoy vivo!* La playa ha sido un ambiente de sanación, de rencontrarme conmigo mismo, de vivir e ir más allá.

Y créanme, nuestro Noé se disfruta la arena más de lo que me la disfruté durante mi niñez y adolescencia. Yo voy a tener que limpiar la arena de él, limpiar la neverita, limpiar la silla y ahora sí es más complicado, pero no como antes; porque ahora me disfruto la playa, ahora me disfruto estar con él, ahora me disfruto estar con Keila. Veo a mi lado una mujer decidida y fuerte, capaz de luchar por todo lo que anhela y ambiciona en la vida. Yo me contagio con su energía soñadora, al punto de estar aquí hablándoles a ustedes a través de estas letras, cosa que nunca imaginé.

VIII

22 de junio de 2020

Mi familia paterna siempre dio y continúa dando mucha importancia al asunto de les ahijades, los padrinos y las madrinas. El padrinazgo o el madrinazgo es una cuestión de honor. De más está decir que mi familia paterna es bien católica y ese catolicismo alcanzaba su máxima expresión en Noche Buena. ¿Santa Clos? Nada que ver. El protagonista de la Navidad es el Niñito Jesús. Todas las Noches Buenas nos reuníamos en casa de mis abuelos paternos. La sala se forraba de regalos. A la medianoche, al nacer el Niñito Jesús y luego de rezar el rosario, se hacía la repartición. Antes, no había límite. Aumentaron les nietes. Aumentaron les biznietes. Eliminaron una pared para unir uno de los dormitorios con la sala; ya no cabíamos. Entonces, mientras más niñes había en la familia, la cantidad de obsequios para cada une se fue reduciendo hasta llegar a uno. De la misma forma, según envejecían mis abuelos, la repartición se hacía cada vez más temprano. Mi abuelo falleció primero. Cáncer de próstata. Fue el primer familiar que se me murió. Mi abuela falleció en 2018 y, con ella, se fue un poco la facilidad con la que gravitábamos a nuestra unión. Nuestra gravedad era ella. Acabo de darme cuenta de que gravedad significa tanto la fuerza que nos mantiene con pies en la tierra, como la descripción de algo grave.

Mi niña interior asoció el significado de tener padrino y madrina con esa seguridad de que en Noche Buena recibiría un regalo en la sala de mi abuela. Mi madrina es mi prima Grisel, hija de la hermana mayor de Papi: titi Sonia. Mi padrino era el esposo de titi. Titi Sonia falleció en 2010. Cáncer. Con su muerte, la muerte de mi abuelo y algunos detalles sueltos más, comencé a comprender la brevedad de la vida. Entonces, las personas sí se mueren. ¿Qué pasa cuando faltan? La norma es morir viejos. ¿Y si se mueren mis papás? ¿Cuándo mis papás serán tan viejos como para morirse? ¿Y si se mueren jóvenes? ¿Qué pasaría conmigo? La respuesta: te quedarías con tus padrinos. Tus padrinos serían las personas que sustituirían a tus padres si ellos faltaran.

En mi adultez temprana, asigné otro significado a este concepto familiar; el verdadero significado, al menos para la Iglesia católica. Mi mejor amiga, Wanda, y mi hermana mayor, Sheila, me escogieron como madrina. Sheila parió a mi ahijada, Valeria Sofía, el 12 de diciembre de 2006, dos días antes de mi cumpleaños. Wanda parió a mi ahijado, Yexiel José, el 22 de diciembre de 2006: diez días después del nacimiento de Valeria Sofía y dos días antes del cumpleaños de Wanda que es también Noche Buena. Para asumir tan importante rol, me tocó coger las clases correspondientes: los padrinos y las madrinas asumen la responsabilidad de colaborar con los padres en el deber de criar a sus ahijados en la fe. Ahí sí que entendí y hasta me intimidé. En ese último semestre de mi bachillerato, ¿era yo una persona de fe?

Papi siempre me apoyó y dio seguimiento a mi aspiración de ser abogada. Sin embargo, de vez en cuando, me manifestaba su preocupación de que, al sumergirme en el mundo de las leyes, me alejara de la fe, de mi espiritualidad y cayera en la moda de convertirme en atea. Él conocía a la perfección mi capacidad para cuestionarlo todo.

En casa, Papi era el que iba a misa. Asistía los domingos a la de 7:00 p. m. en la Parroquia San Juan Bautista del pueblo de Orocovis. Varias de sus sonrisas que más claras guardo en el corazón son las que le iluminaban el rostro cuando yo me aparecía de sorpresa en la misa, llegando de imprevisto desde Río Piedras. Él se sentaba en la columna de asientos que quedaba a mano derecha, de frente al altar; se sentaba en la esquina del asiento que daba al pasillo central; en la mitad más cercana a la puerta principal, pero no en los últimos asientos. Supongo que para nivelar el pasar por desapercibido sin verse como un pecador que no se atreve a sentarse en los primeros asientos o que quiere estar cerca de la salida para irse rápido.

Esa fue la iglesia en la cual me casé. Marido era conocido por ser algo así como un poco bastante comemierda. Siempre filoteao y con postura perfecta modelando por el Capitolio, hasta que me lo llevé a la montaña, ambos en *Converse*. Sus amistades, familiares, y también algunes de mis colegas, cuestionaron cómo era posible que se celebrara una boda con código de vestimenta formal en Orocovis. Embeldá... Pero la decisión no fue difícil. Yo le pregunté: "¿Tú tienes alguna iglesia que signifique todo para ti?". Él me dijo que no. "Pues, yo sí." Muerto el pollo. El 15 de julio de 2017, en un día bellísimo de verano, desfilé hacia el altar con y solo con Papi. Primera boda en mi vida que veo que aplauden de forma eufórica, pero sublime, durante el desfile. Papi falleció de cáncer apenas cinco años antes de mi boda y dos meses después de que celebráramos que estaba *cancer free*. Paso a paso al altar, lo noté, lo sentí. El asiento de Papi, cerquita pero no tanto a la puerta de entrada, estaba disponible, o mejor dicho, reservado para él; para cuando terminara de desfilar a mi lado, aunque les demás no lo vieran.

La realidad es que, durante mi niñez, yo no cultivé una relación tan cercana con mis padrinos. Recibía sus regalos en Navidad, nos veíamos en festividades, pero hasta ahí. Cuando Papi falleció, mis primas por parte de titi Sonia, incluyendo a mi madrina, fueron como un refugio. Me destrozaba el corazón darme cuenta de que no me había dado cuenta de cuánto ellas sufrieron y todavía sufrían. Ellas, por su parte, me daban fortaleza hasta con su silencio. Gran parte del amor y del cariño que dedicaba a Papi, que era empalagoso, se desbordó hacia mi padrino quien, a su vez, me suplía esa vibra de calma y sabiduría que me daba mi papá. Papi se me fue siendo yo "adulta", pero mis padrinos acurrucaron a mi niña interior que no dejaba de sollozar y todavía solloza de vez en cuando a su papá. De vez en cuando, porque estoy convencida de que Papi sigue a mi lado. Releyendo estas líneas, se me detiene el corazón al pensar: tanto que me cuestioné por qué decidieron que la pareja de padrinos fuera tío y prima; y no tío y titi. Cualquiera diría que se sabía que titi partiría *físicamente* primero; *físicamente* porque, al igual que Papi, todavía la siento aquí, aconsejándome.

Una vez lo soñé. Hubo un tiempo durante el cual viví sola en Toa Baja, con todo el temor del mundo a que me asaltaran y me violaran. Soñé que estaba sola en la cocina de la casa, un ruido provino de alguno de los cuartos, fui a verificar y por el pasillo salió Papi riéndose y cantando. "¿Pero qué tú haces aquí?", le pregunté sorprendida, sabiendo que se suponía que él había muerto. "¿Yo? Yo siempre he estado aquí".

Entonces, si algún día faltáramos nosotros, si morimos, ¿con quién dejaríamos a Noé Martín? ¡Qué difícil imaginar eso! ¡Qué difícil imaginar que esa personita alrededor de la cual hoy gira toda tu energía, todo tu amor, todo tu mundo, de pronto esté sin ti, lejos de ti, con otra persona fuera de tu control! La respuesta fue obvia e inmediata: si nosotros faltáramos, el mejor lugar para Noé Martín sería formar parte de la familia Rodríguez Díaz, compuesta por mi hermana Sheila y su esposo José, junto a mi sobrina Camila Isabel y mi sobrina-ahijada Valeria Sofía.

Nos enteramos de que estaba embarazada cuando íbamos de camino a un *Talent Show* que Sheila organizó como maestra y donde Valeria Sofía interpretaría varios papeles. Hicimos una parada inocente en Laboratorios Borinquen a recoger los resultados de esos exámenes que me ordenó la ginecóloga en completa complicidad y confidencialidad. Mi pobre marido no sospechó nada. Cuando me monté en la guagua y le di los papeles, tardó la vida en captar el mensaje. Se le abrieron los ojos más allá de las galaxias. "¿Positivo? ¿¡Tan rápido!?", exclamó sorprendido. Yo tenía un ataque de risa y nervios que me impedía verbalizar oraciones completas. Fue gracioso ver a les empleades de Laboratorios Borinquen pendientes a través del cristal, al otro lado de la avenida, y brincando de alegría.

Ahora caigo en cuenta de que, desde ese primer momento para nuestra familia de tres, ya íbamos dirigidos al compadrazgo con los Rodríguez Díaz. Desde ese instante, Noé Martín nos comenzaba a salvar reuniéndonos en su arca (no que seamos animales, aunque sí, sí podemos verlo también como un regreso a nuestra esencia y nuestra naturaleza, a nuestro espíritu, corrigiendo esa desconexión inadvertida que ocasiona con frecuencia el exceso de racionalidad). Contra todo consejo, anunciamos nuestro embarazo ese mismo día. Le había comprado un regalo de felicitación a Valeria Sofía, así que aproveché para hacer el anuncio en la postal. Estaba mi familia completa: Mami, Danny, Sheila, José, Camila Isabel, Valeria Sofía, Daki -que estaba de visita desde Alemania donde cursa sus estudios posgraduados (Sí. Lo sé. Superinteresante. Dedicaré varios párrafos a estos detalles)- y hasta su amiga alemana, Lisa. Entonces, busqué por Google cómo se escribe y cómo se pronuncia "voy a tener un primo" en alemán. Hasta ese momento, mis sobrinas eran las únicas nietas. De perfecta casualidad, la escuela que organizó el evento es una escuela de idiomas. Le di la postal a

Valeria y le dije que leyera a Daki lo que escribí (lo escribí como se pronuncia en español): *ish verde áine cuzán jáhben*. La primera que entendió fue Lisa. Exclamó "oh!", con un brinco y tapándose la boca. Valeria lo repitió. Daki entendió, empezó a brincar y la cara se le enrojeció. Valeria se desesperó y preguntó qué significaba. Al decirle, empezó a llorar y me abrazó. Primera y única vez que la he visto llorar. Todos se emocionaron.

Desde ahí, Sheila enloqueció de amor por ese sobrino. Yo lo notaba y Mami me lo enfatizaba en todo momento: a Sheila le entraba una culequera inquieta cada vez que pensaba en él. Durante la segunda o tercera visita que los Rodríguez Díaz le hicieron a Noé Martín, él los recibió con una camisa que decía "¡Hola, padrinos!". Como de esperarse: Sheila a reír y llorar. La celebración del bautismo fue perfecta, aunque con algunas imperfecciones (como, por ejemplo, el diácono que no nos encantó; supongo que no es bien visto criticar al mensajero de Dios, pero también se supone que Dios conoce mis pensamientos, sabe que pienso que el tipo estuvo un poco desastroso y es peor que yo sea hipócrita; *la verdad os hará libres*).

Los Díaz Morales coincidimos en que el espíritu liviano, alegre, historiador, jardinero-agricultor, sabio, espiritual, resiliente, perseverante de mi padre está vivito y coleando en Sheila. Y como si fuera poco, Papi era el padrino de José. Conocí a mi cuñado en mi quinceañero, vestida yo toda de negro, con mis uñas negras y con mis prendas góticas como señales externas de ese gracioso intento de creerme la rebelde. Yo no le di la bienvenida. Se la puse difícil. Él, por su parte, es una persona reservada. Camina por ahí con un campo de protección impenetrable, pero a la misma vez con el carisma que delata que en alguna otra vida debió ser político. Noé Martín llegó al mundo, y con un pequeño alfiler reventó la burbuja protectora de su hoy padrino. José nunca ha podido disimular cómo se le ponen los cachetes rosados ni cómo enmudece cuando ve a Noé. Resulta que el tipo siempre ha sido una persona muy profunda y espiritual. Hubiera preferido descubrirlo décadas antes para hostigarlo con mis interrogatorios.

Siendo así, ¿qué mejor lugar para celebrar nuestro primer día de padres con Noé que con los compays? Allí estuvimos, nuestra Tribu, pequeña en número, pero abundante en amor. El día fue maravilloso. Noé gozó de la libertad que se respira en ese patio aiboniteño de Sheila, donde el cielo parece estar y en efecto está más cerca. La armonía perfecta entre energía y paz que se siente en ese hogar le inspira plenitud a cualquiera. Noé siempre se alegra al instante cada vez que llegamos, aun cuando el viaje pueda ser matador. Disimula por unos minutos pegadito a mí, pero a la que se suelta, se desenvuelve como si siempre hubiera vivido allí, con lo cual nos confirma y reconfirma que tomamos la mejor decisión.

Noé Martín no solo tiene unos padrinos que lo aman con locura y que están más que dispuestos a quedarse con él si nosotros faltáramos; sino que tiene una madrina que le da una idea del maravilloso ancestro que tuvo y tiene en su abuelo Papo Díaz.

¿Qué es el padrinazgo? Prácticamente toda mi vida había visualizado al padrino y la madrina como esas dos personas que tus papás escogen al momento de bautizarte, según lo exige todo el protocolo y toda la parte religiosa. Casi siempre, pasan los años, y posiblemente no les volviste a ver. Y si los viste, fue una que otra vez para recibir algún regalo. En mi hogar, había un padrino y una madrina de agua que todavía no han ido a la iglesia y que te bendicen en el hogar. Pueden ser los mismos de la iglesia o pueden ser otras personas. Yo tenía un padrino y una madrina de agua y tenía un padrino y una madrina de la iglesia.

Sin embargo, esas personas que se escogen no siempre están presentes en nuestras vidas. Muchas ocasiones lo vemos como un regalo: el padrino y la madrina me traen un regalo en navidades y en mi cumpleaños. Voy a comer con padrino y madrina. Siempre pensamos en algo material. No obstante, esas figuras tienen unas responsabilidades importantes, como dice mi esposa, incluyendo hacerse cargo de nosotros ante la ausencia de nuestros padres.

Mi padrino era mi tío, hermano de Papi y mi madrina era una amiga de Mami, profesora universitaria. Y los vi así: compartíamos en Navidad para recibir un regalo. Ya cuando Papi murió en 1998, mi padrino me dio mucho apoyo y consuelo. Podía ver la figura de mi papá en él, pero no duró mucho tiempo porque murió dos o tres años después que mi papá. Mi madrina falleció hace como cinco o seis años, de cáncer. De todas formas, ya en la adultez, yo no sentía tanta conexión con ella.

Cuando decidimos escoger el padrino y madrina de Noé, estuve inmediatamente de acuerdo con mi esposa. Percibí, no sé por qué, que las personas que escogiéramos no estarían relacionadas solo con regalos o fechas especiales. Algo me decía que esa pareja tenía que ir a dar una función, a tener una labor o un rol como segundo padre o segunda madre de Noé. Y era así porque cada vez que yo le decía a mi esposa "y si escogemos a fulano y a mengana", ella exigía que fuera una pareja que fuera capaz de entablar una buena conexión con Noé, que tuviesen sensibilidad. Queríamos escoger personas que siempre estuvieran presentes en la vida de él y no solamente en momentos de regalos; sino que, a través del año, él pueda contar con ellos en cualquier momento o etapa de su vida. Que cuando crezca los pueda llamar y consultar. Ahí entendí la importancia de ese rol. Ya lo sabía, ya lo había leído, pero no había tenido la oportunidad de escoger. Iba a ser la primera vez para una gran decisión.

Escogimos a mi cuñada Sheila y su esposo José. Cuando conocí a la familia de Keila, me cautivó la relación sólida y de compañerismo que vi en ellos dos. Vi una compenetración como pareja y como padres, que me dije: *Keila y yo emularemos ese ejemplo como familia*. José es todo un jefe de familia: trabajador y fajón para proveer el mayor bienestar a su esposa y sus dos hijas. Sheila es también una mujer trabajadora que, a pesar de tener dos trabajos, sostiene un hogar hermoso en el que reina el respeto y la comunicación. Además, Sheila y José tenían y tienen a su favor un punto muy importante: son los padres de las primas de Noé. Ellas le llevan prácticamente trece años y diecisiete años respectivamente. Tendrían un rol de hermanas mayores que también podían dar guía a la vida de Noé. Las dos son estudiantes de excelencia académica y emprendedoras por naturaleza. Disfrutan mucho sobresalir en cuanta actividad se les presenta, incluyendo las que Sheila se inventa como maestra. De hecho, fueron las maestras de ceremonia en nuestra boda y se la comieron. Camila Isabel, con casi dos décadas de diferencia en cuanto a la edad, sería un ejemplo maravilloso para él. Ella no es una soñadora; ella es una arquitecta que hace realidad cualquier sueño. Valeria Sofía no se queda atrás. Ella no deja de sorprendernos con su nobleza y con esa personalidad tan sabia y dulce que tiene. Keila dice que Valeria Sofía tiene manos sanadoras.

Nunca pensé que ese rigor que estábamos aplicando a la selección del padrino y la madrina, esa expectativa de que tuviesen un rol tan fuerte en la vida de Noé se mostrara útil tan rápidamente. Que en menos de un año íbamos a tener que recurrir a que ese padrino y madrina ejercieran las funciones de padre y madre ante nuestra ausencia temporera en la vida física de Noé. Fue un momento de dificultad. Veíamos a Noé con su personalidad, con sus ocho o nueve meses y nos preguntábamos cómo ese padrino y madrina iban a estar con él ante nuestra ausencia momentánea. Nos dio tranquilidad y seguridad saber la experiencia de ellos como padre y madre, ver el fruto de lo que ellos habían creado con Valeria y Camila, ver el amor con que habían aceptado la encomienda de ser padrino y madrina hace unos meses y ver en Sheila la preocupación constante por el bienestar de Noé y de su hermana ahora como madre. Ahí uno ve que lo que importa es el compromiso, la amistad, el amor, es esa entrega que deben tener esas dos personas cuando quieren darle amor; cuando quieren darte la ayuda, cuando quieren dar ese acto de presencia en el rol de padrino y madrina. Y lo vivimos con nuestros amigos, nuestros primos, todas las parejas que nos rodearon que dijeron "nosotros estamos aquí y podemos cuidar a Noé".

Sheila y José estuvieron ahí y asumieron ese primer gran reto de ejercer cuando papá y mamá no están. Ahí lo viví. Vimos que el padrino y la madrina realmente son importantes en la vida de un infante. Que es necesario un compromiso inquebrantable, para estar con tu hijo o con tu hija cuando tú no estés. Y a pesar de que les escogimos con esa visión de vida, con esos criterios, con esa vara alta, jamás pensé que íbamos a tener que utilizarlo y poner en función esa tarea de estar cuando faltan papá y mamá.

Lo que les quiero decir es que una de las cosas que más aprendimos durante los meses de dificultad del 2020 es a no temer a abrirse ante la ayuda y ante los consejos que te pueden dar las personas que te quieren sinceramente. Los problemas vienen. Las dificultades llegan. Pero si tú te aíslas del mundo, te refugias, porque tienes temor de buscar ayuda, porque piensas que lo vas a manejar tú solo, tu esposa y tú solos, como un momento dado pensamos nosotros, no funcionará. La ayuda es necesaria. Cuando se tiene dificultad, es vital recurrir a tu red de apoyo: tus amigues, tus hermanes, tus primes, tus ties, tus parientes, tu padrino y tu madrina o el padrino y la madrina de tus hijes. Aprendimos que necesitamos de otres para poder enfrentar las dificultades.

De lo contrario, es bien difícil. Te come el problema y, a lo mejor, no lo vas a poder superar. A lo mejor sí, a lo mejor no; lo que sí es certero es que es difícil enfrentar dificultades por ti mismo. Ábrete. Necesitas esa colaboración, necesitas esa ayuda, necesitas ese apoyo, ese espaldarazo. Y lo vas a lograr, lo vas a vivir, vas a dar gracias por tener esa red.

Termino diciendo que este Día de Padres en que compartimos con padrino y madrina, pudimos ver cómo Noé corrió, los vio y los abrazó como si hubiese estado toda la vida con ellos. Fue una época difícil, pero sobró el amor. Y viendo eso me dije: estoy viviendo un gran Día de Padres. No lo pude cargar en mis brazos, por mis dolencias físicas, pero disfruté el día con mucha tranquilidad emocional, espiritual, mucha felicidad, mucho agradecimiento. Gratitud. Me decía: hoy estoy aquí, con padrino y madrina, en el segundo hogar de Noé. Un hogar que recibió a nuestro hijo, en el que le dieron amor, que hubo también dificultades, retos, pero lo pudieron manejar bien mientras nosotros luchábamos buscando el bienestar físico para mí y así poder continuar como pareja y como familia dándole la mejor crianza posible a nuestro Noé.

VII

18 de junio de 2020

Entonces, llegó la hora de dejar a Noé Martín para sostenernos nosotros. El cumpleaños de Marido, el 18 de octubre de 2019, fue la ocasión perfecta para dar el paso por primera vez, sin cargos de consciencia, y con sentido del deber: nuestro matrimonio también necesitaba de atención. Ya Noé Martín tenía sus cuatro meses. Estaba menos frágil. La verdad es que (con todo el amor que te tengo, hijo mío) parecía E.T. durante el primer trimestre.

En la lucha para establecer la lactancia y no rendirnos ante la fórmula, perdió unas cuantas oncitas. Desde antes de parir, estaba determinada a hacer todo lo que estuviera en mi poder para que mi bebé fuera lactado. Eran muchas las razones; algunas más mundanas que otras. No quería pensar en biberones. No quería hervir agua para fórmula. No quería estar con la tensión de tener fórmula siempre disponible. Tampoco quería un gasto adicional. Colóquese el contexto de haber sobrevivido el huracán María y los meses que le siguieron sin energía eléctrica ni generador. Además, quería disfrutar de ese beneficio de las mujeres lactantes que se comen el mundo y permanecen flacas. Quería tener una preocupación menos en cuanto al contenido del bulto de Noé cuando saliéramos. Imposible que se me quedaran las tetas. Súmese a eso, todo lo que fui aprendiendo con mis lecturas frenéticas con relación a los beneficios de la lactancia -físicos, psicológicos y emocionales- tanto para el bebé como para mí. Me parece un crimen que algo tan básico y esencial para la salud mundial sea ocultado o, al menos, no enfatizado con tal de comercializar el intento humano de crear el producto más parecido a la leche materna. En vez de fomentar la "sencillez" (a veces complicada) de ofrecer la leche materna y ya. Pero claro, necesitan a las mujeres en la calle, trabajando, más de la mayoría absoluta, mal pagadas.

Cuando Noé nació, se pegó rápido, aunque superficialmente. Estuvo separado de mí unas tres o cuatro horas. Cuando regresó, estaba dormido. Tenía *hangover*. Y esa era mi queja de primeriza: mi bebé duerme demasiado y yo necesito darle la teta cada dos horas. ¡Ay, qué ingenua! Unas siete mujeres manosearon mis senos con una mano mientras agarraban sin misericordia a Noé Martín con la otra para pegarlo como ellas entendían correcto. Y él, que no; que esa no era su manera. Perseveramos en nuestra lucha. Veinte minutos luchando para que se pegara rezando el avemaría sin parar, bebiéndome las lágrimas; 45 minutos en cada teta. Él succionando lento y yo dando las gracias sin parar, algunos minutos de sueño y a empezar de nuevo con el mantra "una tetada a la vez... una tetada a la vez". La pediatra me sugería tomarlo con calma que, si tenía que suplementar en algún momento, pues suplementaba con fórmula. Pero no. Yo no iba a caer en esa trampa. Seguimos con nuestras citas semanales para corroborar que Noé Martín no cayera bajo peso. Me recetaron una cremita de antibiótico con anestesia y compresas de gel frías para mis mamaderas naturales que ya estaban lastimadas. También me recomendaron un minucioso ritual de limpieza antes de lactarlo. Poco a poco, lo logramos, y, en el proceso, sí: llegó a parecerse a E.T con la carita flaca y arrugada.

Establecido el asunto, Noé Martín y yo practicamos la lactancia a libre demanda. Esa receta de dar cada teta por cierta cantidad de minutos cada tres horas no nos hacía sentido. Cada vez que él quisiera, allí estaban. Al principio rechacé visitas y evité salidas, pues yo nunca estaba presentable. Yo era teta. Que no lo malacostumbrara me decían, y por ahí se iba el consejo en el aire como nubes cruzando por el cielo. No me arrepiento.

Lo dormía y todavía lo duermo con la teta. Si se cae, lo consuelo con la teta. Creo que no sabría ser madre sin la teta. Con él en la teta, me puse al día en las series de Netflix. Con él en la teta, aprendí a hacer de todo usando un solo brazo. Y así, en nuestros días durante mis licencias de maternidad y vacaciones, estábamos él y yo juntitos, cerquita, conectados gracias a ese vínculo tan natural y hermoso. Sépase que tengo un modesto mollerito de lo más chulo, pero solo en mi brazo derecho.

Yo creo que desde antes de parir ya estaba preparándome para la primera separación esporádica y, también, para la separación brusca y repentina que representaría el regreso al trabajo luego de agotar las licencias. Que tu bebé no es tuyo; que es de la vida. Tuvimos suerte o más bien privilegio, pues alcanzamos los cinco meses entre licencias y feriados. Sabiendo que esa comodidad no sería para siempre, todas las mañanas me sometía al suplicio de sentirme succionada por una máquina que debía desinfectar con rigurosidad antes y después de usarla. Poco menos de una hora. No hay manera de ver ese proceso como natural y humano. Una porción iba al banco de leche; mi humilde banco de leche que apenas se dejaba notar en el *deep freezer* que compramos; mi humilde banquito que se ponía tímido cada vez que amigas que estaban en el mismo proceso enviaban sus fotos de su fábrica *Tres Monjitas*. La otra porción iba al biberón que Marido le ofrecería en las noches, antes de dormir. Lo más tierno de la vida era verlo alimentando a nuestro bebé. Ahora bien, hubo días en que esa ternura se convirtió en instintos homicidas al enterarme de que no usó la leche completa, que la dejó dañar al no guardar el restante en la nevera o, peor aún, que, por alguna razón, la derramó. Mis preciadas gotas de oro blanco desperdiciadas por el piso. Mi dignidad, renunciada al succionar de una máquina cual vaca lechera, convertida en un sacrificio en vano. Con suerte, me tragué esos instintos. Era tanta la frustración que, las veces que sucedió, ni siquiera pude verbalizar palabra alguna. Solo podía concentrarme en preguntarme: ¿cómo es que se respira?

Sheila llegó emocionada con su uniforme de tía: una *t-shirt* azul que le regalamos que decía *"This is what a great aunt looks like"*. Valga destacar que se la dimos antes de anunciarle que sería la madrina. Llevo en mi memoria la vívida imagen de Sheila con Noé Martín en brazos en la puerta de nuestra casa, mientras partíamos en la guagua. La emoción, sin embargo, para nada era de melancolía. ¡Que empiece el *party*!

No íbamos lejos. Era un *brunch* de unas dos o tres horas. Escogimos un lugar que tenía mesas al aire libre por aquello de no contagiarnos con ninguna de las amenazas pulmonares de moda. Cuando llegamos, las pocas familias presentes estaban todas con sus bebés. Un segundo de cargo de consciencia, y ¡que venga la mimosa! Disfrutamos de ese momento a solas luego de tantas eternidades concentrados en mantener viva a esa criatura que habíamos traído al mundo y que llegó sin manual de instrucciones. Sheila nos iba enviando fotos que nos demostraban que Noé Martín tampoco nos extrañaba tantísimo.

Mi falta de práctica en la ingesta de esos espíritus se dejó notar al instante. Al principio, me lo disfruté. Cuando llegué a casa con la teta fuera de servicio, fue tremendo *badtrip*. Ahí poco a poco sobrevivimos la tarde, con la satisfacción de haber tenido una cita de lo más romántica y refrescante.

Maratónico: así describo esto de mantener vivo un matrimonio con un bebé. Titi Muny me dijo antes de que Noé Martín naciera: "recuerda que lo más importante eres tú; no el bebé; no te descuides". Mami añadió que no descuidara a José Martín: "los hijos crecen, se van y con quien te vas a quedar hasta que te mueras es con él... o sola". Fueron muchísimas las veces que supe que lo tenía abandonado. Las pocas ocasiones en que podía soltar a Noé Martín tenía dieciocho mil asuntos por atender: la casa, mi aseo personal o quedarme dormida sin darme cuenta. Tengo la bendición de que este hombre se ha graduado como padre, como esposo, como compañero. No me imaginaría con Noé Martín sin él.

Cumplir con los roles de madre, esposa, ama de casa, profesional, etcétera, etcétera es durísimo; máxime cuando te caracterizas por ser una persona perfeccionista, dura consigo misma. Hasta que llega una personita que ni siquiera sabe hablar a darte las lecciones más transformadoras con una sola sonrisa. Noé Martín ha resultado ser un niño alegre, amante de la música. Llora o grita solo cuando necesita algo. El truco está en entender qué es. Su personalidad nos consuela, insinuándonos que lo estamos haciendo bien. También nos favoreció ese día al quedarse tranquilo para que nosotros pudiéramos darle cariño a nuestro amor.

Ese primer día que dejamos a Noé Martín con su madrina, estábamos celebrando la vida de Marido. El 18 de junio de 2020, segunda ocasión en que tuvimos que dejarlo con los Rodríguez Díaz, esta vez a pernoctar, celebrábamos la vida de Marido con más intensidad, con más ganas, con más determinación. ¡Ah! Y con el océano y varias millas de por medio. Ese aumento en nuestra intensidad se vio reciprocado por Noé Martín: su disfrute en casa de Sheila fue aún más intenso que la primera vez que se quedó con ella. Sheila nos envió fotos y videos de todas las aventuras que estaban teniendo; todas las cosas que ellos le estaban enseñando; las comidas que se saboreó; las carreras que dio detrás de Sasha (su prima canina). Contrario a la vez pasada, lo extrañé con todo mi ser y hasta me puse un poco celosa. Llegué a preguntarme si me iba a querer de nuevo cuando lo fuéramos a buscar; si desarrollaría una preferencia por ellos por encima de nosotros. Yo estaba siendo lo más irracional y lo más animal (no en el sentido de carencia intelectual, sino en el sentido más literal tipo cuatro patas) que podía ser desde mis entrañas. La estadía pareció eterna. Llamábamos a Noé Martín por videollamada y, a veces, nos ignoraba. Otras veces se emocionaba muchísimo y se activaba el reto de mantener la conversación sonriente sin echarme a llorar. Wow. Soy madre de verdad.

¿La lactancia? ¡Ay, la lactancia! Mi banquito, mi pobre banquito de leche, no dio. Apareció nuestra amiga, Lara, y nos donó de su leche materna. Noé Martín y Julián Joaquín ahora son hermanos de leche. Por mi parte, allá andaba yo pegándome la cruel y fría máquina cada tres horas. Congelando y empacando leche. Enviándola por correo, no sin antes dar clases a los empleados de FedEx sobre la relación política entre Estados Unidos y Puerto Rico. Sufriendo la ansiedad de que no llegara descongelada. Al quedarnos cortos, Noé tuvo que probar la fórmula. Sufrió un estreñimiento terrible. Jamás lo había escuchado llorar así, y yo no estaba cerca para contenerlo. En ese momento, se me destruyó una parte bastante gigante de mi corazón. En este momento, me permito decir: la madre del que cuestione por qué no nos lo llevamos. Esa es la expresión coloquial que describe con más precisión mi sentir, pero me es inevitable cuestionar:

¿qué culpa tienen las madres? Bueno... alguna responsabilidad tienen. Yo ya anoté enseñar a Noé que no debe estar metiéndose en vidas ajenas.

Al fin íbamos camino a recogerlo, antes de lo acordado porque ya yo no aguantaba más. Me aleteaban mariposas en el estómago. No podía dejar de imaginar todos los escenarios posibles cuando nos rencontráramos. Jamás había estado tan nerviosa por ver a alguien; ni siquiera a ninguno de mis jevos en aquellas etapas de mayor intensidad y revolución hormonal.

Cuando llegamos, él nos recibió con un atuendo guapísimo: tenía una polo blanca con un lacito en el cuello color azul cielo y un mameluco de líneas blancas y de ese azul bien clarito. Estaba peinado con sus rizos perfectos. Sheila es una dura peinando rizos. Yo no. Yo intentaba y todavía intento peinarlo bien. Juro que se veía meses más grande que como lo dejé. Empecé a llorar por dentro y a sonreír por fuera, olvidando otra vez cómo respirar. Él nos vio, Mami exclamó lo bello que se veía y se formó un revolú. Él se asustó y retrocedió hacia Sheila. Yo me senté en el piso con parsimonia. Él no venía hacia mí. Mami: *"I think he made a switch"*. Quise asesinarla. Mi corazón seguía haciéndose pedacitos; mi pecho tirando flechas, espinas, agujas hacia todo mi ser. Pienso en ese momento y me impresiona todavía el profundo respeto que siento hacia él. Hubiera pensado que lo cogería al hombro y lo apretaría sin importar su reacción. Pero, en ese momento, ese proceder me parecía más una agresión que una muestra de cariño. No me atreví ni siquiera a acercarme sin su consentimiento. Empecé a leerle cuentos y ofrecerle sus juguetes favoritos. Nada. No fue hasta que se me ocurrió invitarlo al patio y abrir la puerta, que su espíritu zandunguero lo venció. Caminó hacia la puerta solito, como el niño independiente que es. Les demás sabían que morirían si nos seguían. Poco a poco me fui ganando su confianza. Se dejó abrazar y me derretí; mi peso cedió a la gravedad.

 Le ofrecí su teti y no supo cómo pegarse. Me mordía. Yo había dejado la máquina en casa y estaba a punto de explotar. Estuvimos toda la tarde en esa lucha. Llegó el momento de la siesta y, dormido, luego de una rabieta que yo no lograba calmar, lo pude pegar. Lloré. Sollocé. Lloré. Sollocé. De ahí en adelante, fueron varios días de mordidas estrenando dientes, de succión agresiva, de pezones en carne viva. Pero al fin estaba con él. Al fin, estábamos de nuevo él y yo juntitos, cerquita, conectados gracias a ese vínculo tan natural y hermoso. Al fin, estábamos Marido y yo con él. Al fin, éramos los Orta Díaz. Porque ya no soy solo Keila. Ya soy nosotros tres.

Hoy es 23 de enero de 2021. Acabo de volver a leer el capítulo del 18 de junio de 2020 de este libro que estamos haciendo para ustedes, de esta redacción que inició mi esposa y que yo voy leyendo también poco a poco. Es un capítulo en el que ella expresa mucho. Ustedes lo han visto, lo están leyendo, lo están viviendo. Y les tengo que decir, como les he expresado previamente, para mí era demasiado importante adentrarme al mundo de la maternidad y la paternidad. Siendo objetivo, la maternidad es otra cosa. La mujer, como sabemos, es la que lleva el feto, es la que va sintiendo esa emoción, esos latidos, ese crecimiento de esa criatura dentro de su ser. Nosotros los hombres, somos observadores de un proceso que obviamente causamos o fuimos parte de ese momento, que es la concepción de ese feto. Pero no lo tenemos en nuestro cuerpo.

Una de las recomendaciones que doy a los hombres, a todas las parejas que van a tener un bebé pero que no son la persona que le carga en su cuerpo, es que se adentren en todo el proceso del embarazo, desde el primer momento que se enteran de la noticia, aunque sea lo más abstracto. Recomiendo que se interesen en conocer qué su pareja siente, qué va viviendo, cómo quiere que se vaya desarrollando ese embarazo y que juntos vayan creando esa visualización de lo que quieren desde que reciben la noticia de que serán padres y madres. Aunque, a decir verdad, ese proceso va de acuerdo con cómo la madre gestante lo va visualizando, uno va aportando y creando ideas; va expresando sentimientos y creando ese *bonding*. Porque el *bonding* de pareja ya está, debería estar.

Hay situaciones en las que hay concepción sin *bonding* de pareja. Esos son otros veinte pesos. Otros retos. Pero cuando es algo planificado, que nace del amor y del compromiso de pareja, pues ya viene entonces la etapa o el reto de crear esa comunicación sobre cómo queremos que sea ese proceso de embarazo y de aprendizaje. Si vamos a coger clases, dónde las tomaríamos, qué lecturas elegir, ir conociendo cómo queremos desarrollar y criar a nuestre hije, qué filosofía de vida, qué estrategia de crianza, cómo queremos alimentarle, qué ambiente, qué tipo de juguete o material educativo, qué tipo de cuarto, qué tipo de cama, qué tipo de decoración. Hay que estar presentes en todos los detalles que pueden incidir en el desarrollo y en la crianza del bebé. Ambes deben estar de acuerdo, para así ir en una misma dirección y que sea saludable tanto para bebé como para la pareja.

Uno de los primeros aspectos que evaluamos fue el proceso de parto que ella quería y visualizaba. Yo estuve de acuerdo con la participación de una *doula;* necesitábamos a alguien que nos ayudara. Lo más importante es conocer los riesgos y los retos de estar en un hospital. Hay distintas experiencias, pero los hospitales van a producir. Los hospitales van con un equipo médico, con un obstetra, enfermeras. Ellos van a producir. Ellos van a trabajar. Van con la intención de recibirte, darte una atención médica, cuidar al bebé, ofrecerte consejos, darte de alta, y luego... viene el próximo y el próximo. Es como una fábrica. En ese proceso puede haber un trato personal, amigable, con sentimiento, delicadeza ternura y afinidad. Pero a la misma vez, puede haber personas, funcionaries, empleades, facultatives médiques que no tienen ese tacto. Que están molestes, cansades, que para elles es una rutina. Hay de todo y uno tiene que ir preparado para eso.

Ya nosotros, a través de nuestras clases y lecturas, sabíamos que nos enfrentábamos a un mundo médico que puede ser cruel y fuerte, pero también estábamos claros en que podíamos dar con personal médico que compartiera nuestra visión. Yo estaba claro y Keila estaba clara en que una de las primeras cosas que queríamos era un parto relajante dentro de todo; natural, que no fuese inducido, que no hubiera esa presión de tiempo de que tienes que parir, o ese hostigamiento. Yo estaba preparado para eso. Mi rol en ese proceso era ser como un guerrero, como un portero de *soccer* que lucha para que el equipo contrario no anote un gol. Mi deber era velar que el equipo médico no viniera con una actitud que afectara a mi esposa durante el proceso de parto, que le crearan *issues* emocionales o psicológicos que afectaran la tranquilidad, el proceso de meditación y crecimiento que habíamos construido durante los pasados siete u ocho meses. Como papá, debía estar en la misma línea de ella: en calma y meditación. Ella pasaría el dolor y la angustia física. Yo estaría ahí para ayudarla. La mejor manera en que le puedes ayudar como pareja es tener la misma mentalidad que ella tiene. Estar en paz. Yo practicaba la respiración con ella. Yo la ayudaba a cómo iba a respirar. Respiraba al mismo ritmo que ella. Yo la sujetaba. Sabía dónde agarrarla. Sabía qué decirle al oído. Sabía dónde acariciarla para que ese proceso fuese una compenetración entre ella y yo; para que fuese lo más llevadero posible, dentro del dolor físico que ella estaba sintiendo.

Quería un área cómoda, que los tres pudiésemos dormir, pudiésemos estar. Fuimos al *tour* que da el hospital donde dimos a luz en el cual te enseñan las distintas habitaciones. Yo pregunté todo: quiénes podían dormir, si tenían o no comida para papá, si me podía quedar, si iba a tener o no alguien al lado, si el baño era privado o no era privado. Me adentré junto a Keila. Me sentía con ese peso de responsabilidad de conocer bien cómo eran las facilidades del hospital, cuáles eran los distintos modelos de habitación, los tamaños de las camas. En términos prácticos, me ayudó porque pude saber el camino que había que tomar el día que llegáramos con dolor y así poder moverme por los pasillos. Nunca había ido al área de maternidad del hospital. Si yo llegaba ese día perdido, ella iba a dar a luz en el *parking*. Anoté en la sección de notas en mi celular los distintos tipos de habitación: las más grandes, las más pequeñas, los costos. Hice un resumen de cada habitación: si tenía vista al mar o no, si incluía comida o no, si era grande, si era pequeña, si tenía clóset o no...

El día del parto me tocó hacer la admisión. Fui al departamento correspondiente donde me preguntaron: "¿Qué tipo de habitación?" Yo fui con mi lista. Dije: "yo quiero esta suite". No. Está ocupada. Quiero esta otra. Está ocupada. Prácticamente de mis cinco preferidas, tres estaban ocupadas. Yo tenía el orden de prioridad. Las había marcado y hasta les había dado un *rating*. Pues yo quiero esta: la habitación número cuatro. Keila no sabía qué habitación había escogido porque ella ya estaba de parto. Seleccioné una habitación cómoda con vista al mar. Quería que tuviéramos el ambiente ideal para dar comienzo a la mejor etapa de nuestras vidas. Sabía que, para Keila, estar en contacto con la naturaleza era importante, al igual que la luz. A nosotros nos gustan los cuartos con claridad; no nos gustan los espacios oscuros. Yo quería complacerla a ella, y que se sintiera cómoda. Todo esto nos parecía indispensable para lograr la lactancia. Ambos considerábamos la lactancia importante: cómo nuestro bebé se iba a pegar en ese momento, en ese primer contacto una vez saliera de su cuerpo con ella.

Fue una experiencia única que solo puedes ver cuando estás en el parto, cuando uno ve esa criaturita salir. Yo lo toqué mientras salía de su vagina; para mi sorpresa, no me desmayé. Al contrario, estaba emocionado y alegre. Fue un *shock* ver cómo la naturaleza, la vida y el cuerpo de una mujer trabajan en equipo para traer a este mundo a un ser que es tu hijo, que es sangre de tu sangre, que tiene tus células. Como ella les mencionó, él no lloró. Yo me fui junto a él y a la enfermera cuando lo estimularon. Quería estar presente, verlo de primera mano y si ella no estaba cuerpo a cuerpo con él, pues iba a estar yo. Desde la esquina, le hice a señas a Keila con el dedo. Le dije: "todo está bien, mi amor". Al fin, llevaron a Noé con Keila. Noé se pegó. Vi un contacto brutal entre él y su mamá. Nos movimos al cuarto donde ya yo había puesto música de relajación. Llevé mi bocina y aceites esenciales para habilitar el cuarto con olores que la relajaran.

Hay gente que no tiene tacto. Dicen las cosas porque las dicen. Sin pensarlas. Es un momento en que tú tienes que tener mucha fortaleza emocional, mucha fortaleza mental. Cuando nos fuimos al cuarto, fue como planteó mi esposa: pasaron como diez personas distintas durante los tres días que estuvimos. Todo el mundo cogía a Noé y lo espetaba en la teta y decían: "mamá tienes que darle teta así, tienes que cargarlo asá, él tiene que succionar". Empezaban los comentarios, "si no se pega, hay que darle fórmula; si no va a ser lactado, hay que buscar alternativas; si no se puede alimentar por la teta, entonces hay que darle fórmula". Era todo un mensaje que iba atentando contra el proceso natural de lactancia; un mensaje mecánico de un equipo médico que lo que provoca es miedo a la lactancia. Oye, acabamos de tener a nuestro bebé y lo que queremos es ser felices, estar tranquilos, estar en paz. No necesitamos remordimientos y preocupaciones. Esa fue una de las deficiencias que pudimos identificar en el equipo que nos asistió, aunque nos fuimos preparando pues sabíamos qué iba a pasar. Hasta nuestra pediatra, que fue un ángel, un bálsamo de paz, nos lo advirtió. Nosotros leímos, nos preparamos, sobre lo que podíamos esperar de un hospital. Centro MAM y su equipo nos hablaron de las desventajas de parir en un hospital versus parir con una partera en casa. Nosotros íbamos preparados y bien educados, para poder entender los comentarios positivos y descartar los negativos. Dimos la batalla. Yo los miraba mal, a punto de sacarlos del cuarto. Fluyó porque ambos estuvimos con la misma mentalidad. Cuando la gente se iba, que mi esposa se frustraba y lloraba, yo la abrazaba, la acariciaba y la calmaba. Logré estar en conexión porque desde el primer día estuve con ella leyendo con ella cada etapa. No me perdí de nada.

Las suegras fueron. Mami y Lulú estuvieron allí. Ellas no lo sabían, pero Keila podía escuchar desde su camilla todo lo que decían en el pasillo mientras esperaban por entrar. Que no se quiere pegar. Que no quiere comer. Que no sabe dar teta. Eso nos creaba un estrés a nosotros. Yo decía: "fuera del cuarto; el nene va a comer; estamos tratando de lactarlo; no queremos a nadie en el cuarto; solo Keila, Noé y yo". Hasta que, poco a poco, se fue pegando.

Cuando llegamos a la casa, ya nosotros habíamos planificado que esas primeras dos o tres semanas no queríamos visitas. Nadie fue a casa por espacio de tres o cuatro semanas. Fue un proceso bien difícil, de adaptarnos, a pesar de ser un momento de felicidad. Queríamos continuar conociéndonos, ahora en el rol de padres. No queríamos ninguna tercera persona asumiendo nuestro rol, aunque fuese tratando de ayudarnos. Tener un espacio de nosotros para conocer cuál iba a ser nuestra nueva rutina, sin comentarios de nadie. Esa decisión fue clave en el proceso de compenetración como padres.

Tuve un rol muy activo en mi casa. Yo lavaba la ropa, los baños, limpiaba, cocinaba, hacía desayuno, subía, bajaba, y estaba con mi esposa. Éramos un *team*. Ella era la persona que lactaba, que se tenía que levantar junto a mí, pero también la que pasaba el dolor físico, la recuperación. Sus pezones se irritaron. No fue fácil. El embarazo es lindo. Ser padres y madres es lindo. Pero hay mucha presión e incomodidad en ese proceso de uno entender quién es Noé y cuál es su personalidad. No es fácil levantarse a la una, dos, tres de la mañana, dormir en la butaca, buscar agua, bregar con los perros. Era un ambiente tenso, pero de mucho amor, con mucha compenetración y con la dosis requerida de comunicación. En fin, con la presencia de terceras y cuartas personas, hubiera sido complicado.

Nunca pensé que nos fuésemos a alejar de Noé. Separarnos fue fuerte; difícil, para ella como madre lactante y para mí como su padre y como esposo de mi esposa. Era un proceso arduo y más cuando sabes que tú eres la razón para esa separación. Aun así, sabía que había que hacerlo para poder seguir juntos en esta vida. Dejarlo fue difícil. Mucha tristeza. Muchas lágrimas. Muchas preguntas. *¿Cómo iba a funcionar? Él es un niño lactado... ¿Cómo va a ser su alimentación? ¿Cómo serán sus mañanas?*

Cuando llegamos a buscarlo, que lo vemos con sus rizos, bañadito con ropita nueva, firme en su postura, sentí una mezcla de emociones hasta ese momento desconocidas para mí. Ya caminaba. Nosotros lo dejamos caminando cuando nos fuimos. Y verlo, ver cómo él nos vio raro... No corrió hacia nosotros. Nos chocó. Lo sentí. Pensé: *no se acuerda de nosotros. No sabe quién es su papá. No sabe quién es su mamá. ¿Qué hicimos? Fue un error haberlo dejado. ¿Por qué reacciona así? ¿Por qué él no reaccionó con entusiasmo?* Estaba pasmado. Miraba a Sheila, buscando como una contestación de quiénes son, por qué ellos me dejaron y ahora me buscan. Vi todas sus dudas en su mirada confusa. A la misma vez, vi a mi esposa con presión, con tristeza, con angustia, con preguntas. Me vi yo y no sabía qué hacer. No sabía si preocuparme por lo que sentía como padre, preocuparme por Noé o preocuparme por Keila. Hice una evaluación y dije: *Relájate. Estás con vida frente a tu hijo. Tienes salud. Vamos a permitir que tu energía gire en torno a Noé y tu esposa, no en ti, Martín.*

Ellos se fueron a caminar y yo les pedí un espacio al resto de la familia para que los dejaran fluir. Luego de eso, regresaron. Se encerraron en el cuarto. Yo no sabía lo que había pasado. Lo escuchaba llorar y la escuchaba a ella cantarle sin éxito. Me dijeron "pero entra con ellos", y yo dije: "¿sabes qué? No. Yo les voy a dejar el espacio a ellos para que vuelvan a crear esa conexión, para que Noé vuelva a reconocer su teta, y haya nuevamente esa dinámica de madre e hijo". Eventualmente, dejé de escucharlos. Abrí la puerta. Traté de no hacer ruido. Los vi prácticamente dormidos y Noé pegado a la teta. El amor estaba ahí. La necesidad de Noé de pegarse a su mamá, el olor, la afinidad, la conexión estaba ahí. Cerré la puerta lentamente y salí con una sonrisa. Respiré profundo. Están tranquilos. Están bien. Y recordé cómo Noé se pegó con su mamá al momento de nacer ese 21 de julio de 2019.

Ha sido difícil. Pero tenemos la certeza de que tomamos la mejor decisión. Todo fue cayendo en su peso con la selección de sus padrinos, con dejar a Noé para nosotros embarcarnos a unas millas de distancia y buscar lo mejor para nosotros y retornar para poder vivir una vida plena y saludable junto a nuestro hijo. Todo esto se debe a esa compenetración que tuvimos Keila y yo desde el primer día en que supimos que íbamos a ser padres. De eso se trata. De ti como pareja, como hombre, como mujer, como persona que no carga el feto, como adoptante, tener esa comunicación para poder tomar decisiones juntos como pareja en bienestar de su hijo o hija y pensar siempre cómo tus acciones pueden contribuir a esa relación de padre y madre con el hije. Yo sé que mis acciones ayudan a que esa relación entre Keila y Noé fluya. Sé que Keila sabe que sus acciones también ayudan a que mi conexión con Noé se dé.

VI

16 de junio de 2020

Regresábamos a Puerto Rico de nuestro primer viaje solos, teniendo a Noé Martín en nuestras vidas. De niña, envidiaba a mi hermana Sheila porque ella había ido a Disney y, por ende, se había montado en un avión. Yo daba por sentado que yo no tendría ese privilegio, ese lujo de viajar. Escuchaba a la gente hablar de sus anécdotas viajando por el mundo y me sonaba a una millonada que, en esta vida, no pertenecería a mi lista de posibilidades. Fue ya en la universidad cuando volé por primera vez, en una avioneta frágil y temblorosa. Apenas estaba digiriendo la emoción de ver la Tierra desde arriba cuando me tocó brincar. Esta que está aquí se montó por primera vez en una avioneta para brincar de ella hacia el vacío y danzar por el cielo en paracaídas. Fue uno de mis nacimientos.

Mi primera experiencia laboral como abogada trajo consigo tres mujeres rescatistas; las que mencioné que me empezaron a curar del machismo. Ellas me señalaron que, más allá de la línea que divide el azul del océano del azul del cielo, vive gente. Yo me moría de la vergüenza cada vez que hablaban de sus viajes con el Juez. Yo no tenía nada que decir. Cuando mis compañeras supieron que yo vivía en el insularismo, trabajaron la situación como una emergencia. Todavía veo a Alexandra, en el Charro, con mi tarjeta de crédito bajo su control, comprando un Groupon para Costa Rica. Ella, tan determinada. Yo, tan sumisa. Terminé cancelando el viaje cuando la sorpresa de viajar juntos no fue de agrado para mi ex. Ellas no se rindieron. Me empujaron a cruzar el charco de una buena vez, y no hubo vuelta atrás. Mis tías paternas se quedaron esperando que yo llegara a casa de abuela Toña en un Mercedes Benz. Preferí llegar con la misma ropa del año pasado, pero con un mundo diferente por dentro... y por fuera.

Ahora lo pienso y me conmueve ver cuánto me han enriquecido esos viajes planificados sin anticipación y explotando la tarjeta de crédito sin miedo (conste que siempre logré saldarla en cuestión de meses gracias a la matemática *control freak* austera que vive en mí; hago la salvedad porque todos los años, por mi puesto, evalúan si mis finanzas son responsables). Ya relaté cómo un viaje a Cuba me ayudó, en cierto modo, a despertar con mi inexplicada ausencia la curiosidad y el interés en mi ahora marido. De haber estado disponible, lo habría espantado con aquellos residuos de codependencia y necesidad de atención que aún estaba sanando. En definitiva, el Universo tenía el mejor plan para auxiliarme porque, a solo meses del estreno de nuestra relación, en aquel periodo de duda innecesaria, yo me montaría de nuevo en un aparato volador, esta vez para conocer el otro hemisferio. Hemisferio...

El mundo tiene dos hemisferios. Nuestro cerebro también los tiene. Yo estaba en un antes y en un después. Creo que puedo decir: *esta vez para conocer los otros dos hemisferios, el hemisferio oriental del mundo y el hemisferio izquierdo de mi cerebro.* ¿Fue mi hemisferio izquierdo el que activé, al despertar mi consciencia? ¿O fue el derecho al aprender a gestionar mis emociones? Así opera mi mente: a millón.

Viajaría a Alemania a encontrarme con un pedazo enorme de mi ser: mi hermanita Daki. Siempre lo digo y siempre lo diré: una de mis rescatistas, Raiza, no solo me rescató a mí. Un día me dijo: "Llama a Daki y dile que haga todos los intercambios posibles", refiriéndose a su bachillerato en la Universidad de Puerto Rico. Ese mismo día, Daki se orientó. Poco después, estaría en Carolina del Sur haciendo una investigación científica que alineó todos los planetas y galaxias posibles para que ella terminara haciendo sus estudios posgraduados en Alemania con el profesor más duro en el tema que a ella le apasiona y que yo no sé explicar: algo sobre parásitos, agua, contaminación ambiental y sus efectos en la salud.

Daki es mi hermanita menor en edad y mi hermana mayor en consciencia. Es un alma vieja. Lo sospeché desde aquel día cuando la Daki, pequeñita, sufrió con espanto al ver que alguien le arrancó una hoja a una planta; a las plantas les duele mucho eso. Junto a ella, recorrí varias ciudades de Europa; dormí en hostales, caminamos eternidades con nuestro equipaje luego de perder vuelos, luchamos por nuestros derechos en alemán (ella verbalizando todo y yo asintiendo con la cabeza sin entender nada, pero confiando en su criterio). Reconectamos con nuestras niñas interiores que tantas veces jugaron (o se tiraron) con *Barbies*; pero también dimos reconocimiento a las adultas en las que nos estábamos convirtiendo. Ella me notó más calmada, con más *flow*. Se ponía nerviosa cada vez que nos surgía un inconveniente. En otro momento de mi vida, yo hubiera explotado ante la falta de control. "Tranquila, que la visa todo lo resuelve". En cambio, yo observaba con admiración cómo esa niña que apenas hablaba, ahora me estaba enseñando el mundo.

Mientras, Marido iba a Toa Baja a darle comida y cariño a mis perros. Confirmé que lo amaba de verdad cuando me envió una foto suya con una sonrisa en su rostro recogiendo la caca de Chispi. Cuando regresé, se notó que nos extrañábamos de verdad. Luego, le tocaría a él en Navidad ausentarse por unos días para visitar a su hermana en Costa Rica, según planificado desde antes de comenzar nuestra relación. Y lo extrañé... de verdad lo hice y mucho. Cumplidos nuestros compromisos mundiales por separado, aspiramos a no volver a separarnos así. No contábamos con que, a solo días de regresar de nuestra luna de miel, él tendría que irse solo sin mí a un viaje de trabajo; el primero de unos cuantos.

Nuestras metas como pareja y como familia (ya nos considerábamos una familia de cuatro contando a Tashua y Chispi), estaban más que claras: comernos el mundo el primer año de casados, hacer nuestro *EuroTrip* visitando a Daki juntos y después, solo después de eso, preñarnos. La gente nos preguntaba cuándo íbamos a tener hijos (porque la gente puede ser bien presentá') y nuestra respuesta parecía ser muy lejana: primero tenemos que viajar a visitar a Daki y después nos ponemos a disposición de.

Organizamos ese viaje con tanto detalle, que podemos decir que el disfrute duró cinco veces más que lo que estuvimos fuera de Puerto Rico. Escogimos las ciudades, estudiamos las atracciones turísticas, seleccionamos aquellas que disfrutaríamos, eliminamos las que parecen ser obligatorias, pero que nos parecían aburridas, marcamos los destinos en *Google Maps*, trazamos rutas, vimos videos de viajeros con sus recomendaciones. En fin, vivimos muchas noches maravillosas gozándonos con anticipación lo que más adelante nos gozaríamos.

Utilizamos todo tipo de transporte: aviones, guaguas públicas, *ferries*. Nos mezclamos con todo tipo de muchedumbre en todo tipo de fiestas. ¡Cómo añoro esa libertad! Hoy, seis pies de distancia horizontal para no quedar seis pies bajo tierra.

Nos encontramos con Daki en medio de nuestra ruta, en Roma, la que no se construyó en un día. Porque la vida con Daki siempre es así: una revelación simbólica constante. La dinámica entre esos dos amores míos fue armoniosa. Fuimos un trío lleno de energía de la buena. Creo que cuando sea vieja y empiece a olvidar, si recuerdo solo algo de nuestra visita a Roma, será ver a Daki feliz bailando salsa en medio de la calle con un jevo desconocido. Me hastalueguié de ella como siempre: sabiendo que permanecemos juntas porque el tiempo y la distancia son relativos.

Luego de dos o tres brinquitos más por Europa, llegamos a Puerto Rico y al momento de la verdad. Ya no había excusa. Dos días después de nuestra llegada, estaba yo en la burra frente a mi ginecóloga-obstetra. Era hora de removerme el dispositivo intrauterino que me había puesto al inicio de la relación por si, en efecto, era que el cuarentón solo me quería preñar. Sentí una molestia. Los instrumentos cayeron al piso. Confusión. Y ya: estaba afuera. Salí medio mareada de la oficina (a la cual entré sola por estúpido pudor en lugar de decirle a Marido que entrara conmigo), pagué y nos fuimos. Luego de semanas peleando con la secretaria y la administradora de la oficina porque me cobraron un sonograma endovaginal que no me hicieron, luego de exclamar bien fina "yo sé lo que entra y sale de mi vagina y lo que no; y no me hicieron ningún sonograma endovaginal", luego de que mi amiga, la hipocondría, me preguntara si la doctora me habría roto el útero, cambié de ginecóloga. Una vocecita me preguntó: *¿tú quieres que ESTA atienda tu parto si te preñas?* Saqué cita con otra doctora para cerca de mes y medio después de la demolición de la muralla antibebés. ¿Cómo la escogí? Sencillo: preguntándole a la rescatista Coral cuál escogió ella y dando por realizado todo el análisis minucioso que la caracteriza.

Llegado el día, decidimos que jamás y nunca volvería a entrar sola a ese tipo de menesteres. Marido iría conmigo y entraría conmigo. No recuerdo qué pasó, pero mientras me arreglaba para salir de nuestro hogar a la cita médica, algo dijo Marido que le salí con la repugnancia más grande que le había salido en la vida completa. Tan así, que mi consciencia me regañó de inmediato. Me cuestioné qué rayos me pasaba; *por qué le hablé así; tengo que estar PMS... pero... no me han salido barritos, siempre me salen barritos antes de caer en regla*. Sin pestañear y apenas respirando, busqué la prueba de embarazo que tenía escondida en el clóset. El resultado fue un borroso positivo. Lo suficientemente borroso para cuestionarme si estaba "viendo visiones".

Puse la prueba casera en el sobre donde estaba la copia de mi expediente de la oficina de la satánica aquella. Le escribí una nota a la nueva ginecóloga explicándole que me había hecho la prueba, que no se veía bien, que Marido no sabía, que si había forma de corroborar. Fui todo el camino agarrando ese sobre como si de ello dependiera mi vida. La doctora fue la mejor cómplice del mundo; tremenda actriz. Me hizo un sonograma, pero no se veía nada aún. Me ordenó hacerme laboratorios de sangre de forma "rutinaria" para aceptarme como su paciente. Genial. Ya saben lo que sigue: el resultado y el *Talent Show* (Valeria Sofía no fue la única actriz ese día). Y la vida es tan bella que nos regaló poder anunciarlo estando la familia completa; Daki presente.

La última vez que pisábamos el mismo suelo que Daki, nos hastalueguiamos para dirigirnos al encuentro cósmico con Noé Martín; que estaba dividido todavía en mitades; mitad dentro de Marido; mitad dentro de mí. Culminado nuestro primer viaje después de ese *EuroTrip*, nos dirigíamos a encontrarnos con Noé Martín; con nuestra versión completa de nosotros que "ya" no somos seres separados, sino que tenemos el alma unificada y dispersa entre mínimo tres.

Escribiendo esto, estoy escuchando un avión. No me había percatado de que pasaban tantos aviones por el cielo de esta casa. Lo noto ahora, como cuenco tibetano en ejercicios de meditación llamando a la atención plena, gracias a Noé Martín que tiene un oído increíble; los escucha y siempre deja lo que esté haciendo para saludarles con alegría, pareciera que en señal de agradecimiento.

Estoy aquí, hoy 29 de enero de 2021, dando lectura al nuevo capítulo que escribió mi esposa. Es un capítulo en el que habla de sus experiencias de viaje como soltera y sus experiencias de viaje conmigo. Me pone a pensar: existen muchas clases de viaje; muchas razones para uno viajar. Dependiendo de lo que uno haga, de las experiencias y del propósito de viajar, uno es otra persona. Cuando uno regresa, si es que regresa a su lugar de origen a donde se quiere estar, uno regresa con algo distinto, ya sea con un aprendizaje, un sueño realizado o con una tristeza que te ha marcado para toda la vida. También te marca la vida cuando te vas y no regresas.

Casi todes viajamos por placer, o porque queremos conocer un destino. Uno ahorra, trepa las tarjetas o coge un préstamo. Uno va haciendo una alcancía en su casa. Yo no he tenido viajes familiares nunca. Sí he tenido viajes de soltero como les había contado. Me puse como meta todos los años hacer un viaje a un destino distinto y disfruté esa etapa de mi vida muchísimo. Trepaba las tarjetas y gastaba, pero esos viajes fueron experiencias que me hicieron madurar como hombre, como individuo. Oye, te preparan para muchas cosas de la vida.

También tuve viajes de negocios y de trabajo a través de mis experiencias en firmas de CPA. Cuando empecé a trabajar, todos los años me iba de viaje a adiestramientos y aprendía muchísimo. Se supone que uno aprenda sobre la parte técnica, pero considero que aprendí más compartiendo con otros compañeres de trabajo de otras oficinas en Estados Unidos. En el 2004, viajé por razones de trabajo para hacer un *special assignment* en Price Waterhouse Coopers. Fue una experiencia positiva porque fue un viaje de casi un mes y trabajé fuera de Puerto Rico, en North Carolina. Nunca había estado tanto tiempo fuera. Tenía una rutina de levantarme, hacer el *laundry*, hacer el desayuno, hacer la comida, salir. Era como si estuviera viviendo allá permanentemente como un profesional.

Otro tipo de viaje que he tenido la oportunidad de realizar es el viaje de placer para compartir con la familia que vive fuera. Ver a mi hermana en Costa Rica y estar presente cuando mi sobrino nació fue una de las experiencias más gratificantes. Mi hermana significó mucho para mí cuando fui pequeño. Pues, les cuento que Mami trabajaba como jefa de familia y yo me quedaba al cuidado de mi hermana. Mi hermana, que me lleva solo diez años, era la que se ocupaba de las cosas de la casa, la que me enseñó a amarrarme los zapatos, la que me ayudaba a hacer las asignaciones. Ella estaba siempre pendiente de mi cuidado en casa, me cocinaba cuando Mami no estaba; fue ella quien me acompañaba a la escuela todos los días. Ella tomó el rol de madre mientras yo estaba en escuela elemental e intermedia. Era como mi segunda madre y yo siempre estaré eternamente agradecido por eso. Hubo un momento en el que me hizo falta estar con mi madre. Ella salía bien temprano a las seis de la mañana y estaba afuera trabajando como hasta las cinco de la tarde. Yo salía de la escuela a las dos de la tarde. En verano, cuando no tenía clases, pasaba mucho tiempo en mi casa. En mi casa no había dinero para meterme en un campamento de verano, excepto una vez que mi papá decidió pagarme un campamento de verano en Guaynabo City, de esos que eran caros. En fin, ver a mi hermana las pocas veces que he ido a Costa Rica y ver a mi sobrino Michael es ese tipo de viaje con propósito familiar en que tú llegas, no haces nada, te lo hacen todo; te cocinan, te llevan a comer y a distintos sitios, te llevan a ver las amistades, te llevan a beber, te llevan a pasear, pero a la misma vez estás compartiendo con los seres que tú amas. Pasamos algunas navidades visitando familiares en Costa Rica y en Santo Domingo donde está mi familia materna.

Cuando pienso en viajes de placer, pienso en el más espectacular, el más importante en mi vida, y no en cuanto al destino sino en lo que significa: la luna de miel, el viaje entre Keila y yo. Decidimos escoger un destino cercano. No podía ser un viaje largo por nuestro trabajo. Acabábamos de comenzar a trabajar en el Poder Judicial de Puerto Rico. No teníamos mucho espacio para días de vacaciones. Buscamos un destino que nos llenara, un destino que fuese aventurero, que tuviera el elemento romántico y que fuese de buena comida. Escogimos a Colombia: las ciudades de Bogotá y Cartagena. Bogotá es una ciudad espectacular, una ciudad romántica, ciudad fiestera, de buena comida, buenos paisajes; hacía friito, era alta. Fue un encuentro bien bonito y sobre todo romántico. Un encuentro intenso entre nosotros durante nuestra luna de miel.

Lo más interesante yo creo que fue la salida. Planificamos ese viaje con mucho deseo e ilusión. Decidimos estar en celibato durante unas semanas para nosotros consumar nuestro matrimonio en nuestra primera noche de luna de miel que era en Bogotá. Íbamos locos por llegar a Bogotá. Queríamos que este viaje fuese rápido para estar en Bogotá y llegar a nuestro cuarto. Yo había preparado un cuarto con el hotel y había dado unos detallitos de cómo quería que estuviese para cuando llegáramos; con flores en el piso, pétalos, vino espumoso. *Romántico full*. O sea, un cuarto en el que uno dice: yo quiero que mi pareja se sienta cómoda, que sea un detalle, que transmita lo que para mí ella representa que es el amor, que es la dicha de tenerla en mi vida, que era lo que yo buscaba en mi vida, bueno... es más de lo que yo buscaba.

Cuando llegamos al aeropuerto de Puerto Rico, íbamos bien contentos, íbamos bien ilusionados en ruta a ese viaje. Fuimos al área de espera de la línea aérea que nos iba a llevar rumbo a Bogotá. Allí pasaban las horas. El vuelo era a las siete u ocho de la noche. Pasaban las horas. No sé si les sucede, pero cuando uno está en el *gate*, uno está pendiente, mirando la puerta de salida y si el vuelo es las 2:30 p. m. uno está contando los minutos; es como un *countdown* que a veces desespera, porque si vas en busca de un viaje de ilusión, de alegría, de festejo, de celebrar, de vacacionar, de pasarla bien, estás loco por montarte en ese avión. Uno está ansioso: ¿llegó la oficial del vuelo? La empleada abre el *counter*, y sigue uno mirando. ¿Habrá mucha gente aquí para montarse en ese vuelo? ¿Será un vuelo cómodo? ¿Será un vuelo rápido? ¿Habrá buena comida o no te darán nada? Era una aerolínea latinoamericana. Generalmente estas aerolíneas son muy buenas en términos del servicio.

Pues, se retrasó la salida. Estaba desesperado. Al fin, anunciaron que ya podíamos abordar. Nos paramos de esas butacas. Nos movimos al avión. Recuerdo que nos abrazamos. Nos susurrábamos cosas al oído bien *pompiaos* y *locos* por que todo el mundo se montara en el avión y que arrancara para llegar rápido a Bogotá y a nuestro cuarto de hotel. Pero pasaban los minutos y el avión no despegaba. Entonces, veía a Keila con cara de preocupación. Como niña inocente, comentó: "¿Qué estará pasando? ¿Por qué este avión no despega, mi amor? Quiero despegar. Quiero irme". Yo ya estaba pesimista. Algo estaba pasando y no íbamos a poder arrancar. Pero no se lo decía a ella. Generalmente, el más pesimista soy yo. No se movía el avión. No había acción. Los pasajeros comenzaron a pararse. A mirarse los unos a otros y a cuestionar qué era lo que estaba sucediendo hasta que llegó la noticia por el altavoz: "Este vuelo no saldrá la noche de hoy. Ha sido cancelado".

—Me lo imaginaba —suspiré.

—¿Qué? ¿Cómo va a ser? ¿Qué va a pasar? ¿Nos van a cambiar a otro vuelo?

—Mi amor, no creo. Son las diez de la noche y a esta hora generalmente no salen vuelos —le contesté mientras salíamos del avión con el rabo entre las patas y nos dirigíamos al *counter* para poder cambiar el vuelo.

—Pero, mi amor, ¿cuándo nos vamos a ir?, yo quiero irme a mi luna de miel —decía ella más para desahogarse que para obtener respuesta.

—Vamos a ver, pero me imagino que será mañana en algún momento.

Caminamos lo más rápido posible hacia el *counter*. Cuando llegamos, parecía que estaban repartiendo los papeles *Bounty* que repartieron luego del huracán María. Era una cosa anormal. Había como cinco filas largas. Nos pusimos en turno. Lo más frustrante es que, estabas en la fila, podían haber pasado treinta minutos fácil y cuando te acercabas al *counter* te dabas cuenta de que la fila que estabas haciendo era una fila fantasma. Una fila de mentira. Una fila que no existía. Porque si había seis filas, dos filas eran reales que tienen al principio un agente de la aerolínea. Las otras cuatro filas no tenían a nadie al frente y lo que hacían era que cruzaban a otra fila. "Usted está fuera de fila". ¡Eso era lo más frustrante! Estuvimos en una de esas filas fantasmas como treinta minutos. Nos movieron a otra fila. Cuando llegamos al final, la persona informó que cerraría. Ahí Keila, con tono incrédulo pero dulce, preguntó: "¿Alguien nos puede ayudar? ¿Alguien nos va a atender?". Le quedó tan tierno que los de al lado se rieron. Yo le dije a la persona: "Mire, llevamos tiempo en esta fila. No es justo que la cierren sin que nos atiendan". Efectivamente, cambiaron al empleado y otro nos atendió. Estuvimos ahí como quince minutos para ver cómo podíamos salir de Puerto Rico a Bogotá. Inclusive, pensamos cambiar el destino a Cali o a otra ciudad, pero no lo hicimos así. No había alternativa. Nos dijeron: "ustedes se van a ir mañana a primera hora". Y frustrados, nos fuimos.

Nos llevaron a un hotel en Isla Verde, pero no era el Hotel San Juan. Era un hotel sencillo. No tenía muchos atractivos. No tenía barra ni área de comida. Estaba todo cerrado. Teníamos hambre. No habíamos comido en toda la noche. Cuando fuimos al *counter*, preguntamos dónde podíamos comer. Nos dijeron que fuéramos a un cuarto en el *lobby* que hay unos *vending machines*. Fuimos y comimos lo que uno come cuando está en universidad: Hot Pockets de pizza. Compramos dos. Yo dije: "Mi amor, yo necesito una cerveza y yo creo que tú también pa' bajar el estrés y la ansiedad". Mientras Keila se iba para el cuarto, yo crucé la avenida Isla Verde, fui a una barrita, compré cuatro Medallas, regresé y lo que se supone fuese nuestra noche de luna de miel en Bogotá, fue en un hotel con Hot Pockets de pizza, sentados en la cama hablando y con las Medallas en mano. Esa fue nuestra noche de luna de miel en Puerto Rico. Estábamos resignados, pero *looking forward*, ilusionados porque al día siguiente nos iríamos. Dormimos esa noche esbarata'os. Sobra decir que no consumamos nuestro matrimonio.

Madrugamos. Bajamos al *lobby* del hotel. Nos bebimos un café cada uno. Yo creo que no desayunamos. No queríamos perder la guagua. No queríamos dar ningún espacio a que pudiéramos perder el vuelo. Llegamos al aeropuerto y finalmente pudimos abordar nuestro vuelo y llegamos a Bogotá, al Hotel W. Lo más curioso es que cuando llegamos allí, el del ascensor reconoció mi voz.

−Aaahhh, ¿usted es Martín? Yo soy el que usted ha estado llamando durante todos estos días coordinando el arreglo SORPRESA del cuarto.

−Gracias −le contesté resignado.

Keila sonrió aguantando la carcajada. Efectivamente, abrimos la puerta y allí estaba el detalle: los pétalos de rosa en el piso y en la cama, la botella de vino espumoso y nuestro cuarto arreglado para nuestra luna de miel con una tarjeta que decía "Querida Qeila". Ahí empezó nuestra luna de miel y la alegría de estar juntos, de haber decidido casarnos. Fue un viaje de alegría, de esperanza, para pasarla bien; un viaje de ratificar el compromiso que teníamos como pareja.

También he tenido viajes tristes y difíciles. Uno de los más complicados, puedo decir que fue el de ir a ver a mi abuela a la República Dominicana. Ella es dominicana igual que Mami. Había mucha preocupación en casa, especialmente para mi señora madre, luego de una llamada telefónica en que mi sobrina le habló sobre el estado de abuela.

—¿Cómo está Mami?
—Está más o menos.
—¿Cómo que más o menos?

Abuela tenía cáncer. Mi mamá percibió que la cosa no iba bien. Yo estaba empezando a trabajar ya en Price Waterhouse Coopers y, si no me equivoco, era el año 2001. Fue para la época de *tax season* y Mami me preguntó con tono de orden más que de petición:

—¿Vamos para Santo Domingo este fin de semana?
—Wow, Mami, yo creo que tengo mucho trabajo por las planillas.
—Si no yo voy sola; pero creo que tengo que ir este fin de semana.

Vi a mi madre preocupada y ansiosa. Decidí ir. Yo no iba a dejar a mi madre sola en ese viaje. Me dije con tono de duda: *lo más importante es la familia, no el trabajo*. ¡El tiempo me dio la razón! Abordamos el vuelo un viernes en la tarde. En ese avión iba un pensamiento muy alejado del festejo; no era un viaje de placer, no había lo que uno busca en un viaje generalmente, que es esa cosquillita, esa ilusión, esa intriga de *qué voy a encontrar cuando llegue* o *qué bueno que estoy viajando, que estoy dejando atrás el trabajo para descansar, que estoy dejando mi país para ver otras cosas*. Casi siempre, cuando uno se va de viaje, lo hace para disfrutar o para conocer a un pariente, como pasó con mi sobrino Michael en Costa Rica. Son viajes en los que uno tiene una cierta ilusión de viajar, de montarse en la aventura. Pero cuando uno va a ver un familiar que está enfermo, es otra cosa. Es un sentimiento de tristeza desde el momento que compras el boleto. Es un sentir que provoca lágrimas desde que te sientas en la butaca del avión porque empiezan a llegar los recuerdos, y a visualizar qué representa esa persona para ti. *¿Qué significa abuela para mí?* Me acuerdo de ella, cuando la conocí como a los cuatro o cinco años. Ella representa esa generación de la cual uno aprende; esa generación que uno ve viejite y dice: *yo quiero llegar a esa edad*. Abuela es de esa generación que uno ve, que te ayuda a crecer con sus consejos. Uno ve les abueles como personas sabias, que llevan las riendas de la familia; el soporte, el tronco, las canas, las arrugas. Todo lo que conlleva la vejez, uno lo vive en sus abueles. Yo empecé a ver todo eso en ese avión. El rostro me cambió, el corazón se me inundó de tristeza. Ese tipo de viaje es pesado. Es un viaje que tú no quisieras dar. Yo veía a Mami, aunque preocupada, con una mirada de esperanza de que todo podía salir bien.

Aterrizamos en Santo Domingo. Tan pronto llegamos a la casa donde estaba abuela, Mami fue rápido al cuarto y la vio. Encontró que no la reconocía, que no le dijo "mi hija", que no hablaba, que casi no mantenía la mirada fija. Estaba acostada. Débil. Respiraba, pero no estaba presente. Yo me paré en el marco de aquella puerta con la confirmación de que fuimos a despedir a mi abuela. Mami me miró y me dijo: "¿ella estará bien?". Yo no le pude contestar. Mami se envolvió en un proceso de tratar de darle alimentos, de tratar de cocinarle, de bañarla, de cuidarla. Se dedicó esas horas doscientos por ciento a estar con mi abuela en su cuarto. Esa noche fue una noche que yo nunca había vivido en mi vida. Escuché a mi abuela gemir y llorar de dolor. Nunca había visto o escuchado a alguien quejarse de la manera en que la vi a ella. El cáncer de páncreas se la estaba llevando. Ella no aguantaba más. Fue la primera vez en mi vida que sentí el dolor ajeno de un paciente de cáncer tan cerca de mí. Vi cómo el cáncer se traga a alguien lentamente hasta que sucumbe ante su inmisericordia, y causa un largo sufrimiento en les seres querides.

Al otro día, me levanté. Mi mamá estaba con ella en el cuarto. Me dijo: "¿tú crees que nos podemos ir? Yo creo que ella aguanta más tiempo... ¿Cuánto tiempo más tú crees que ella va a estar viviendo?". Le contesté: "Mami, yo no creo que ella viva mucho". Tan pronto me fui, escuché un grito de mi madre. Regresé y mi abuela estaba tendida en sus brazos ya sin respirar. Mami se afectó. Yo la abracé. Mis primos, mis primas, lloraron. Ahí empezó un proceso de yo hacerme cargo de los actos fúnebres, cosa que yo nunca había hecho, porque los actos fúnebres de mi papá fueron coordinados por mi hermana. Paralelamente, era un proceso de consolar y estar pendiente en todo momento de Mami porque sabía que podía desvanecerse. Todo eso no me permitió llorar a mi abuela. No pude sufrir lo que es perder una abuela. Yo estaba totalmente bloqueado y consumido por la preparación de la funeraria: escoger el féretro, coordinar el panteón, correr y darle consuelo a mi madre. Fue como cuando dicen: "él está tranquilo, pero sabemos que cuando alguien está así, cuando pasen los días, que se percate, se dé cuenta de la pérdida, ahí es que va a sufrir". Así estaba yo.

Mi abuela vivió 99 años. Tuvo una larga vida y ya era tiempo de partir. Es fácil decirlo, pero realmente uno no quiere que la persona parta. Fue un proceso fúnebre difícil con mis tías y con Mami. Sufrieron mucho en el panteón. Era el tipo de entierro en el que se camina y se canta detrás de ese féretro bajo el sol, aguantados de la mano, de los brazos, dándole apoyo al que está a tu lado.

Yo regresé a Puerto Rico. Mami se quedó en Santo Domingo. Me sentía más cómodo con que se quedara porque estaba con su familia. Yo sabía que eso la iba a ayudar en el proceso de sanación. Se quedó para la novena. Después yo la fui a buscar y regresé con ella a Puerto Rico. Y el trabajo siguió ahí. Regresé y me reincorporé. Así que una de las cosas que uno debe pensar es que cuando uno está ante una situación de salud, una situación de muerte, no lo pienses dos veces. Haz lo que tengas que hacer para estar con tu familia, para atenderte. El trabajo va a estar ahí y, si no está ese trabajo, va a estar otro trabajo. ¿De qué vale que estés protegiendo el trabajo si un ser humano se está yendo, sea un familiar o seas tú? Ante esa situación, olvídate del trabajo y piensa en ti, piensa en tus hijes, en tu esposa, en tu familia, en tu madre, en tu padre. Eso es lo más importante en cualquier situación de enfermedad, de muerte o de necesidad.

Por último, está el otro viaje. El viaje que uno nunca piensa que va a hacer. El viaje que hicimos ese 16 de junio de 2020. Yo nunca pensé que iba a tener este tipo de travesía. Jamás imaginé que iba a estar en Houston, Texas, en busca de sanación física. El viaje de regreso a Puerto Rico fue un viaje de mucha alegría y agradecimiento a Dios y a la vida, por permitirme regresar sin esa carga física que tenía antes, sin esa masa que tenía en mi cuerpo. Regresaba fuerte, aunque sin poder hacer muchas cosas, prácticamente nada. Viajaba buscando rencontrarme con nuestro hijo. Viajaba de la mano de mi esposa y yo la miraba cómo ella controlaba todo el proceso del viaje, cómo ella movía las maletas, cómo sacaba los pasajes, cómo decía por dónde íbamos a caminar y yo iba sentado en una silla de ruedas. Nunca pensé que iba a estar en una silla de ruedas, y menos en plena pandemia. Fue un proceso estresante. Sin embargo, mantuvimos la calma; actuamos bajo la tranquilidad de que se estaba haciendo lo que tenía que hacer para seguir juntos como familia. Veía a Keila manifestando su fuerza física en sus brazos tonificados por el *yoga*, pero más que lo físico su rostro reflejaba que su fuerza y determinación emanaban de su interior luchador y guerrero. No percibí preocupación alguna en sus gestos. Al contrario, tenía tanta determinación y seguridad que se notaba en cada movimiento de su cuerpo, en su caminar firme pero sensible a través de aquel aeropuerto inmenso. Es que sencillamente era Keila.

Tenía miedo de montarme en aquel avión y no tanto por la pandemia. Ya ese miedo de pandemia lo había superado cuando me fui. Tenía miedo de que la altura del vuelo afectara mi salud. Por momentos, me imaginé que me subía la presión y que me podía quedar sin aire o que la herida se abría por la presión del aire. No sé. Comencé a imaginar lo peor. Me decía: *todo no puede ser tan perfecto. Algo va a suceder*. Pero tenía que hacerlo, tenía que rencontrarme con mi gente, con mi tierra, con mi familia, con aquellos que me llamaban todo el tiempo para desearme lo mejor, para darnos fuerza a los dos, para darnos esa fortaleza que uno tiene que buscar ante momentos difíciles. En ese momento, mi mente volvió a la realidad y me sentí culpable por no disfrutarme la oportunidad de seguir viviendo.

Esto me lleva a enfatizarte: si no te dejas ayudar, si no te abres, si no recibes, si no te permites recibir, no lo vas a poder hacer. Uno no lleva una guerra solo. En los ejércitos, en la milicia, no eres el único soldado. Es un grupo de soldados y esto es un trabajo en equipo en el que tú eres el capitán, eres el líder. Y necesitas un equipo, un batallón que te dé la fuerza para pelear contra ese enemigo, contra esa adversidad, contra esa enfermedad, contra esa situación. Mi aliada en todo este tiempo fue mi esposa.

Verla en el aeropuerto me ratificó por vez número mil que me había casado con un ser de luz, con un ser luchador, con un ser fuerte, con un ser decidido, determinado; que había unido mi vida con un ser noble, amoroso, que iba a todas y que estaba dispuesta a darlo todo por mí. Que estaba dispuesta a seguir luchando por mí.

Que estaba dispuesta a estar conmigo desde el amor, desde el sentimiento de la bondad y el desprendimiento y ser una arquitecta junto a mí para luego estar aquí con ustedes y leer estas líneas. Viví cada momento con ella. Mientras volábamos le daba gracias a Dios, a la vida, por darme la oportunidad de regresar a Puerto Rico y de estar junto a esta mujer que me dio tanto respaldo y tanta fuerza en este proceso de regresar con marcas en mi cuerpo que no tenía antes, pero con mucha fe, mucha fuerza, mucha ilusión de un nuevo comenzar, de una sanación, de un crecimiento, de una experiencia vivida.

Cuando me falte, ¿qué seré?
¿Una estrella muerta?
¿Un agujero negro en el espacio?
¿Seré polvo?

¿La ceniza resultante de mi propio fuego?
¿La asfixia de un día húmedo sin brisa en el que nada pasa?
¿Agua posada y hedionda, habitada por larvas?
¿Desierto?

¿Quién seré?
¿Seré alguien?
¿Una viuda infeliz, carente de pasiones, abarrotada de culpas?
¿Qué sería de Noé?

–Keila

V

10 de junio de 2020

Marido es un adicto al ejercicio y al buen comer. Es necesario hacerlo constar: me ligué su apariencia saludable (por decirlo de la manera más PG13 posible) desde esa primera vez que lo vi con su sonrisa y su postura, ambas perfectas, en el Salón Leopoldo Figueroa del Capitolio... ... ... (¿sigo?)... ... ... Me cuesta escribir estas líneas. ¿Y si llego a publicar esto? ¿Debería decir estas cosas de Marido? ¿Afectaría su imagen? No estoy diciendo nada que no sea evidente... Nada, que el tipo está *fit*, que tiene una piel perfecta como negro suertudo que es y, como buen negro, tiene un nalgaje impecable que invita a admirar la perfección de la Creación.

    Yo, como ya he dicho, me concentro más en lo cognitivo, en lo mental, en lo espiritual. Tengo que esforzarme para tener disciplina en mi cuidado físico. Nunca he sido atlética. Lo más que he podido disfrutar es el yoga. De la mano con eso, llevo varios años ya meditando todos los días. Empecé haciéndolo antes de dormir. Al principio de nuestra relación, meditaba a solas. Creo que temía que pensara que yo era una *hippie* loca o algo así. Ego, mi querido ego. Poco a poco fui atreviéndome a meditar frente a él porque no tenía más remedio en este tren frenético de la maternidad. Las primeras veces, se me hacía difícil concentrarme en la meditación y no en la interrogante de qué estará pensando él. Me fui soltando, anclándome en mi autocuidado y en mis necesidades. Después de todo, se suponía que ya era una mujer segura de sí misma, ¿no? Hasta que una noche le pregunté si quería meditar conmigo. Aceptó. No paró de moverse durante la meditación. "¡Nene, que tienes que estarte quieto! ¿Tienes hormiguitas?". La práctica fue convirtiéndose en práctica y, como de esperarse, él fue mejorando y se lo comenzó a disfrutar. Me cuestioné por qué no lo había invitado antes. Esos diez minutos juntos y en silencio solidificaban nuestro lazo.

Por otra parte, la rutina de dormir de Noé Martín incluía rezar. Quería y quiero enseñarle a nuestro bebé a rezar, tal y como me lo enseñaron a mí. Si luego él decide dejarlo, en él está, pero sembré la semilla. Ya mencioné esto de que el mundo del Derecho podría a veces proyectar la fe como algo pasado de moda, irracional y propio de personas débiles de carácter. De nuevo, las primeras veces que José Martín me vio rezando con Noé, tuve la lucha inconsciente pero consciente con la vergüenza inadecuada. *Keila, Dios te está mirando, no seas Pedro.* Y rezaba más alto. De vez en cuando, le mencionaba que sería bueno rezar juntos, pero solo quedaba en comentario. Hasta que se convirtió en entrenamiento.

Dicen que la mente es poderosa. En efecto, poderosísima. Creo que la primera vez que lo tuve bien presente fue preparándome para la reválida de Derecho en 2011. Durante mi Juris Doctor, quería sacar todas A, como siempre había sido. Se me colaron dos B, pero aún con ellas estaba entre los promedios más altos de mi clase. Parece que sí es difícil esto de estudiar Derecho. Llegó la clase de Procesal Penal: mi tercera clase con el Prof. Ernesto L. Chiesa Aponte, de quien estaba invicta sacándole A y posicionándome como la puntuación más alta de sus exámenes. Como de costumbre, hice y compartí mis repasos, que incluían hasta trivias con hoja de respuestas para autoexamen. Mis compañeres agradecieron la herramienta pues salieron superbién en la clase. Yo saqué C. Una C de cuatro créditos que escocotaría mi promedio. Fui a revisar el examen, obvio. El profesor me cuestionó: "pero es que contestaste esto aquí, y yo ni sé por qué, porque tú sabes la respuesta". Coincidí con él y me impresioné. Me impresioné viendo cómo había contestado disparates en temas que dominaba. Comprendí lo que me había sucedido: tenía el conocimiento, pero no estuve presente; estaba cansada. La tierra tembló estando reunida con el profesor, como para que no se me olvidara esa clarividencia. Entendí el mensaje: *Keila, para la reválida, estudia el material, pero descansa también; no importa que te lo sepas todo, si no estás en una buena condición mental, no vas a poder acceder a esos files en el disco duro de tu cerebro. Estudia para tu intelecto sin olvidar entrenar y cuidar tu mente.*

Ese terremoto regresó a mí con su mensaje en ese 2020. Marido y yo teníamos que entrenar nuestra mente con el mismo ímpetu que entrenábamos nuestro cuerpo... Bueno, con el mismo ímpetu que él entrenaba su cuerpo. Solo así superaríamos todos los retos que este querido año nos presentaba a nosotros y al mundo entero. Comenzamos a meditar juntos todos los días. Él también añadió una sesión de meditación adicional a la cual yo no estaba invitada. Se tomó bien en serio el asunto. Incluso, hizo una serie de meditaciones guiadas por Lebron James y me pareció hasta que su caminar cogió más *flow*. Mi pecho se me apretaba viéndolo tan disciplinado y aplicado, sentado derechito con sus piernas cruzadas debajo del árbol de mis primos Arleene y Eric, quienes nos adoptaron durante nuestra visita a Texas. Quedarnos con ellos fue todo un retiro espiritual.

Arleene y Eric acababan de mudarse a esta casa nueva espectacular y enorme con dos *master rooms*. Si lo hubiéramos planificado, no hubiéramos logrado una estadía tan cómoda y paradisiaca. Ellos nos consintieron al máximo durante la espera. Arleene me enseñó el rosario especial que le ayudaba a mantener la tranquilidad ante el proceso de sanación de su nieto Kayden, nacido un día de Navidad y que antes de cumplir su primer año fue diagnosticado con cáncer. Al momento de quedarnos con ellos, Kayden tenía apenas tres añitos y ya había pasado por cinco cirugías. Su sistema inmune estaba comprometido y, por ello, no solían sacarlo a pasear con frecuencia. En cambio, su mamá, mi prima segunda, lo llevaba, y creo que aún lo lleva todos los días, a la nueva casa de mis primos para que jugara y se divirtiera en el patio. El niño tenía un mini BMW que guiaba por el terreno inmenso del campito de mis primos con un porte envidiable. Y ahí estábamos quedándonos nosotros; siendo testigos y estudiantes de un guerrero de cortísima edad que se goza la vida sin que ningún quirófano lo intimide. ¡Qué grande!

Comencé a rezar el rosario en voz alta antes de dormir. Marido me escuchaba con los ojos cerrados. Al par de días, Marido comenzó a rezarlo conmigo. Jesús, ten piedad de José Martín; Jesús, sánalo; Jesús, sálvalo; Jesús, libéralo. (En este preciso momento, releyendo y editando, caigo en cuenta de que ese rosario respondió la inquietud que tuve al principio: si es una cuestión de energía, es posible que yo tenga el poder de sanar a José Martín. Luego, descarté la idea diciéndole a mi niña interior que estuviera tranquila, que ella no tiene la culpa, la facultad, ni la responsabilidad. Hoy caigo en cuenta de que la vida me corrigió en cierto modo. Wow...). Familia que reza unida, permanece unida. Es cierto. No tengo el don de palabra para detallar la fuerza, la vibra, la unión, el milagro que se siente cuando uno entra en ese estado meditativo de oración acompañado de la persona que uno ama. Esto lo está diciendo la abogada escéptica que lo cuestiona todo, lejos de cualquier posible debilidad, empoderada, fortalecida. Porque es de valientes reconocer que no podemos contra todo; que a veces el poder reside en soltar la carga y ponerla en manos de Dios o del Universo o de como quieras llamarle. Soltar. Fluir. Confiar.

El entrenamiento fue intenso. Mis primos aportaron el toque físico ofreciéndole un *cross fit* a José Martín. Son unos locos entrenando, como que mi primo es veterano del ARMY, mi prima es guía Montessori y entrenadora personal, y mis primas segundas son ambas voleibolistas. Yo intentaba acompañarles, pero apenas llegaba a la mitad de las rutinas matadoras que se inventaban. Escuchaba a mi cuerpo, lo consentía y despedía a esos atletas aficionados empezando mis gentiles saludos al sol. Los días pasaban y percibía a Marido más centrado. Yo también lo estaba.

Solicité a nuestres seres querides que esperaran mis comunicaciones; que, por favor, no me hostigaran con llamadas ni mensajes. Así soy. El día anterior a la batalla, me llamó mi otra alma gemela, mi sostén desde décimo grado, mi hermana adicional escogida, mi consciencia externa, mi cómplice, mi confidente, mi psicóloga privada, mi maestra de yoga, mi consejera: Wanda. Me ofreció el bálsamo de sus palabras, de su sabiduría, en preparación para el día tan fuerte que me esperaba. Me aseguró que Martín y yo teníamos y tenemos las herramientas para superar el proceso. Me prometió que sus mejores vibras estarían con nosotros. Sin embargo, me informó que, desde ese día hasta no sabía cuándo, estaría desconectada por completo pues necesitaba reconstruirse. Mi roble, mi Wanda, amenazaba con caerse. Mi roble, mi Wanda, estaba débil. Mi roble, mi Wanda, estaba lejos de mi abrazo. Me hice pequeñita, frágil, sacudida. La vida amenazaba con quitarme a mis amores y me alejaba de todas las fuentes de apoyo a las cuales acostumbraba acudir. Pero me agarré. Como me dijo Papi aquella vez, en mi segundo día de reválida que coincidió con su primer día de quimioterapia: "tú concéntrate en dar tu lucha que yo también daré la mía y vamos a vencer". Ambas nos pusimos nuestras capas de superheroínas (siempre me da risa esa palabra), invencibles aun desde la vulnerabilidad.

Llegó el día de la prueba: el 10 de junio de 2020. Marido se puso la misma ropa interior que se puso el día de la boda. Él también quería la suerte de llevar algo azul. Llegamos a la puerta automática de cristal del edificio al cual estaba prohibida mi entrada, cerca de la 1:00 p. m. Me quedé paralizada viendo la inmensidad de ese *lobby* que no conocería de cerca. Marido, con su postura perfecta, se inclinó hacia mí, me dio un beso cariñoso y emprendió la marcha cual Lebron James entrando a la cancha de baloncesto. Mantuvo firme su caminar, sin mirar hacia atrás. Sus pasos llenos de seguridad me decían: *tranquila, todo va a estar bien.* Me tomó varios segundos saber qué hacer. *¿Hacia dónde miro? ¿Hacia dónde camino? ¿Dónde me siento? ¿Qué hora es?* Contrario a los primeros días en Texas, no logramos reservar un cuarto en el Hotel de al lado para esa noche. Yo tendría que regresar a un *Extended Stay America* que quedaba a diez minutos caminando de donde estaría mi Martín, y yo quería estar cerca de él, aunque tuviera todas las paredes del edificio de por medio. Resolví sentarme en el jardín del hotel.

Se suponía que el asunto empezaría a las 2:00 p. m. Se atrasó. No fue hasta las 6:00 p. m. que me llamaron y me informaron que el procedimiento había comenzado hacía unos diez o quince minutos; que todo iba bien; que me llamarían cada dos horas para informarme el progreso. Tocaba esperar a las 8:00 p. m.

Se nota el rodeo, ¿verdad? Desde que comencé a escribir temía llegar a este punto y a lo que le sigue. ¿Por qué estoy escribiendo? Quiero matar la mayor cantidad de pájaros de un tiro (qué horrible ese decir: ¿por qué matar pájaros?). Cumplir mi sueño de escribir un libro; retomar el arte de escribir; dedicarme tiempo para practicar mis pasatiempos; recuperar y mantener mi identidad; hacer una radiografía de cuál es mi identidad actual; identificar qué he aprendido y a dónde quiero dirigirme; sobre todo, sanar. Sanar. Ha sido un proceso fuerte. Entro en el debate de si quiero revivirlo todo escribiéndolo con el beneficio de poner las cosas en perspectiva; o si descanso con el precio de perder la oportunidad de crecimiento, pero con el beneficio de no poner a mi sistema nervioso en *fight or flight* por tratar de ser fiel a los detalles. Necesito pausar.

Yo estaba en aquel jardín. Era un círculo formado por dos pérgolas, rodeado por árboles altos que, al mirar hacia arriba, daban la impresión de bosque, aunque estuviera rodeado de altos edificios. Tenía seis banquitos de madera, todos mirando al centro, donde ubicaba una fuente de agua. Alrededor de la pérgola, salían caminitos adornados con arbustos y flores en sus orillas. Sola, en aquel jardín, estuve en un estado de profunda concentración en todo momento. Algo sobrehumano. Envié mantras de amor y sanación a Marido en grupos de 108 repeticiones meditando con mi mala (ese es el nombre; es como un rosario, pero tiene 108 cuentas sin divisiones; no estoy diciendo que me fui en la mala, aunque casi). Recé y recé y recé. Hice ejercicios de respiración. Conté los latidos de mi corazón. Cacé estrellas entre hojas.

Medité. ¿Cómo llegué a Marido en el Capitolio? Tuve que ser asesora legal, oficial jurídica. Revalidar. Graduarme. El poder de la mente. Terremoto. Clarividencia. Buen promedio que me llevó a mi primer jefe... Sonó mi celular antes de las 8:00 p. m., hora de la llamada prometida. Era el Juez; el que confió en mi capacidad y puso tremendo llavero en mis manos, llavero que incluía la llave del Leopoldo Figueroa en el Capitolio donde Marido me sonrió. ¿Qué iba a imaginarme yo que la compañía que tendría durante el momento más difícil sería esa: el Juez? Me preguntó cómo estaba todo. Le expliqué. Me aconsejó. Me contó de su proceso con su esposa cuando vivió lo que yo estaba viviendo. Me puso temas para que la espera fuera más llevadera. Me animó. Y así me llamó varias veces ese ser para quien dejé de trabajar hace seis años, pero que nunca ha soltado mi mano.

Volvió a sonar mi celular después de las 8:00 p.m. No era la llamada prometida. Era el Juez. Con la fuerza que quedaba detrás del temblor que habitaba mi cuerpo, le expliqué que no me habían llamado. No recuerdo lo que me dijo, pero recuerdo el consuelo. Los minutos comenzaron a caminar más lento. Mi ritmo al rezar se fue acelerando. Las dudas y los temores comenzaron a llegar. La cabeza me daba vueltas. *¿Se habrá complicado algo? Quizás lo están haciendo con calma. El doctor te explicó que era una operación delicada; por eso estamos en Texas. Que lo hagan con paciencia. Que se tomen todo el tiempo. No los voy a ajorar. Yo tengo fe. Yo confío. Dios está en control. ¿Seré viuda? ¿Tendré que mudarme con Mami? ¿Entregar la casa? ¿Cómo criaré a Noé sin papá? Keila, no. Todo está bien. No dudes. Vibra bonito. Vibra en sanación. ¿Por qué no me llaman?*

No sé ni cómo se me ocurrió en esos momentos escribirle un correo electrónico.

Amado mío:
Son las 9:11 p.m. *La primera llamada que me hicieron fue a las 6:00 p. m. Me dijeron que la cirugía había empezado a las 5:45 p. m. y que me llamarían de nuevo a las 8:00 p. m. Esa llamada no ha ocurrido.*
Creo que he rezado más que nunca en mi vida: el rosario normal, el rosario de sanación, la meditación del mala... He meditado y te he hablado confiada en que el amor que te envío te llega con toda su intensidad a la sala de operaciones. Acostada en nuestro banquito de madera, ya de noche, ¡vi una estrella entre las hojas! Eso me hizo pensar en nuestra primera noche en casa, en cuando nos quedamos dormidos la noche después del engagement en las sillas de playa del Hix, en el Tree House... y no pude evitar preguntarme: ¿cómo fui capaz en x o y momento de quejarme de algo en la vida? Tenerte a mi lado es una bendición increíble. El mundo es perfecto contigo al lado mío. La vida es plena con tu sonrisa. La maternidad ha sido la experiencia más hermosa teniéndote a nuestro lado. Yo creo que jamás encontraré palabras ni gestos suficientes para demostrarte lo mucho que valoro TODO lo que haces y das por nuestra familia. Además de todo eso, no tienes idea del maestro de vida que has sido para mí. Esos Soles que tienes por ojos... esa Luna perfecta que tienes por sonrisa... esa Galaxia de energía que emites desde el momento que despiertas... es lo más admirable y ejemplar que he visto en un ser humano.
Cuando te digo que eres noble, lo digo muy, muy en serio. Eres uno de los espíritus más nobles que he tenido el privilegio de conocer. Y qué dicha que no solo tuve el privilegio de cono-

certe, sino que también tengo el regalo insuperable de amarte y recibir tu amor.

Quiero confiar en que esta experiencia es solo una sacudida para que despertemos y nos demos cuenta de cuán bendecidos somos. Quiero darlo todo por hacer que cada día de tu vida sea lo más alegre y pleno posible. Quiero aportar a que cumplas todos tus sueños y fantasías (menos alguna que otra de índole sexual, je, je). Quiero que conquistemos el mundo juntos, pero de manera saludable sin ambiciones que nos desenfoquen. Quiero que juntos demostremos a Noé lo bello que es amar; la felicidad de vivir con intensidad, pero al mismo tiempo con sencillez; todo.

No estoy ahora mismo a tu lado, pero mi mano está en la tuya; mi corazón late contigo; acaricio tu frente como te gusta; te abrazo; velo tu sueño.

Son las 9:25 p. m.

Sent from my iPhone

Llamé. Me contestó un recepcionista del área central. "Oh, they haven't called you? Let me transfer you". Perfecto. Tengo que presentarme y explicarme de nuevo. "Hi. I'm José Orta's wife. I'm calling because I haven't received the call you were supposed to give me to tell me how everything is going". De nuevo: "Oh, they haven't called you? How could that be! I'm so sorry about that". ¡¡¡¡¡¡Que me digas cómo está mi marido!!!!!! "Let me put him on the phone for you", me dijo. Y yo con mi "Wait... what? He is awake?". "Oh yes! He's very awake. Everything went well. The doctors are very pleased. His numbers are very good. The procedure ended like thirty minutes ago. He is sooo strong. He's asking a lot of questions!".

Escuché su voz. Todo el oxígeno de Texas se me metió en los pulmones, ahogándome. Él estaba diciendo los disparates más coherentes que he escuchado salir de su boca. Estaba trazando todo lo que recordaba e identificando los espacios en que ya no recordaba más. De pronto, coqueteó con una enfermera: "*Hey! Hey! Where are you from?*". Me dio un ataque de risa y a quienes sea que estaban del otro lado también. Así me tuvo como por veinte minutos. La enfermera tomó el teléfono y me repitió las mil disculpas. Enganché. Conocí lo que es llorar hiperventilando. Mi cuerpo se estremeció completo por varios segundos eternos. Luego, con un largo y lento suspiro llegó la calma. Levité con una espiral de paz compuesta por todes mis ancestres y todos mis ángeles, allí en ese jardín ya oscuro en medio de los impresionantes edificios médicos de Houston Medical Center.

Recompuesta, hice la primera llamada: a su mamá. Dedicó sus primeras palabras a regañarme por no haberla llamado. Yo dediqué las primeras mías a un *warm up* introductorio para una mentada de madre que, reconectada con el respeto y la empatía, no pronuncié. "Mira, María, tú eres la primera persona que llamo en toda la tarde y te estoy llamando acabando de enganchar con el hospital". De inmediato despertó en mí la compasión hacia ella. Él era mi marido, mi amor, mi todo. Él era su bebé, su amor, su todo. María es una mujer fuerte. A veces, seca. Pero eso no quita que alberga en su ser toda la gama de sentimientos nobles, los cuales convierte en ricos y numerosos *bowls* de comida criolla para nosotros. Martín tardó meses en presentármela, y hasta llegamos a discutir por eso. Al final, era ella que, por orgullo, atrasaba nuestra visita. Ella quería que todo estuviera perfecto para conocerme. Cuando por fin la conocí, ella no paraba de expresarme lo agradecida que estaba a la vida porque al fin su hijito tenía una buena compañera. Que ya se podía "ir" tranquila, dijo. Tampoco ha parado de desearme suerte bregando con él.

Luego de notificarle a María, por fin pude salir de mi jardín; de mi pérgola con aquellos asientos de madera donde jugué a la sillita sola y que se convirtieron en un *set* de costillas externas en mi espalda. Pude despedirme de la fuente hermosa que con su cantar transmutaba el llanto que tanto contuve. Pedí mi *Uber* no muy lejos de la media noche. Llegando a nuestra habitacioncita de *Extended Stay*, me llamó uno de los doctores. Las mil disculpas de nuevo. Me explicó que la operación había sido un éxito; que entendía que habían removido todo; que tardaron porque no localizaban un nervio que querían proteger (el que controlaba el diafragma y su capacidad respiratoria); que una vez localizado pudieron continuar con buen ritmo; que él fue fuerte y que están complacidos; que estaría de alta en dos o tres días. Envié mensajes de texto a todos los grupos que estaban pendientes y mediante los cuales recibimos todas las oraciones y buenas vibras del planeta. Otra conversación larga con su hermana Ángela María, y, al fin, a dormir. Creo que morí esa noche y resucité la mañana siguiente.

No fue terrible despertar sola ese día. Sabía que Marido estaba bien y tenía en agenda mudarme al hotel que estaba al lado del hospital. Allí recibiría a mi *amore* cuando lo dieran de alta y esperaríamos la autorización para volar de regreso a Puerto Rico. "*Are you a traveler?*", me preguntó un doño negro con boinita, de esos que se ve que tienen tremendo sabor por dentro. Estaba sentado frente al hotelito. Supongo que me veía graciosa con un bulto de esos enormes de *backpacking* en la espalda, otro en el pecho y más bultos en ambos brazos. Más el *faceshield*, más la mascarilla. Sin lugar a dudas, mis glándulas suprarrenales son unas caballotas. Llegué al hotel de mi jardín, acomodé todo y sonreía toda. Sentir de nuevo el olor a limpio y la temperatura fresca me inspiró bienestar. El día estaba hermoso y dediqué lo restante a agradecer y descansar. Claro, cuando no estaba comunicando los últimos detalles de nuestra situación. ¡Qué mucho uno tiene que hablar! ¡Pero qué bendición darse cuenta de toda la gente que nos quiere!

Dialogué con Marido varias veces. Estaba esperando escuchar su voz entrecortada y adolorida, pero no. Ahí estaba él con todo el ánimo y todos los chistes. Yo no lo podía creer. ¿Esto es real? ¿Estaré soñando? Dos noches, y ya lo darían de alta. Esperar a nuestro encuentro ha sido de los eventos más emocionales que he vivido. Primero, me iban a entregar el paquete por los pasillos que conectan los edificios del hotel y del hospital. Nervios. Mariposas. Caminando de lado a lado. Luego, que me iban a entregar el paquete en la entrada principal del hotel. Todavía puedo verlo bajándose de la guagua blanca, hermoso, guapísimo, con su *outfit* de vacaciones veraniegas.

Lo recibí con globos en mis manos. No sabía qué hacer. Quería apretarlo. *Pero está operado, ¿puedo tocarlo?* Teníamos mascarilla y *faceshield*; no podía forrarlo de besos. Siendo así, di el abrazo más amoroso y los besos más apasionados que he dado en mi vida con y solo con mis ojos. Y los recibí de vuelta de parte de esos universos avellanados que tiene en el rostro. Subimos al cuarto y allí él se encontró con su arreglo de flores y el peluchito que ahora Noé tanto disfruta. Practicamos una nueva forma de llorar: suspirar lento, ojos cerrados, sin ruido, sin mucha lágrima. Nos sentamos en el *love seat* del cuarto, nos miramos, nos tomamos de la mano y la energía de agradecimiento fue tanta que bien pudimos convertirnos en soles brillantes, luminosos, con fuerza de gravedad, alrededor de los cuales girara todo con perfección absoluta. Llamamos a Noé Martín por videollamada. El niño nos contestó atento, sonriente, feliz. Capturas de pantalla para la historia.

Marido tuvo su cita de seguimiento. Yo, como siempre, participé por *FaceTime*. El doctor repasó todo con nosotros y expresó lo impresionado que estaba con la recuperación inmediata de José Martín. Nos autorizó a regresar a Puerto Rico tan pronto quisiéramos. No lo podíamos creer. No tardamos en comprar los pasajes primera clase para que Marido fuera lo más cómodo posible y para minimizar la exposición al coronavirus. La vida nos bendecía y nosotros estábamos en toda la disposición de recibir. Una vez más, mis glándulas suprarrenales dieron cátedra. Yo tendría que cargar todo el equipaje y pude. Pude todo. Pudimos todo.

Al llegar a Puerto Rico, nos recogió la persona perfecta para ese momento: Iraida Belén, nuestra madrina de bodas; la cómplice de nuestro noviazgo; la que me cubría en Fortaleza para escaparme a darme un café con él. Ella y su mamá nos han acompañado desde el inicio de nuestra relación en todo momento. Han tenido los detalles más únicos y hermosos con nosotros. Iraida nos preparó los *save the date* para nuestra boda y las invitaciones *homemade*. Su mamá nos cultivó suculentas que ofreceríamos como identificadores de mesa y recordatorios, y que todavía hoy nos alegran la vida cuando nuestros invitados nos envían fotos de lo grandes que están. Además, nos preparó *cupcakes* en forma de suculentas con sabor a zanahoria y un bizcocho para nosotros. Verla en el aeropuerto me transportó al día de nuestra boda. La veía con su traje verde y su pelo rizo rojo acompañándonos en el altar, siendo testigo y protectora de nuestra unión. Protectora también de nuestras necesidades más básicas: solo a ella se le ocurrió recibirnos con comidita. Sabía que llegaríamos ejmayaos. Iraida Belén es fiesta en sí misma, y nosotros estábamos puestos para darlo todo; para "darle *play* a la vida" como nos dijo Arleene al despedirse.

Vivir estas cosas en pleno distanciamiento social es extraño. Llegamos a casa, donde Mami nos esperaba con brazos abiertos, pero sin podernos abrazar. Subimos corriendo a bañarnos y a librarnos de los coronavirusitos. *¿En serio vivimos aquí? ¡Qué casa tan enorme y bella!* Alcanzado el momento de sentarnos y respirar, fue innegable el hueco. Se suponía que esperáramos la cuarentena para buscar a Noé, o al menos varios días. La gente rápido empezó a pedir detalles sobre el encuentro con nuestro bebé. *Eeeehhh no lo hemos buscado; no lo vamos a buscar hasta el sábado.* Par de látigos a la conciencia y cambio de planes: buscaríamos a Noé Martín al día siguiente, encomendándonos en plena confianza a *Dioj* y la *Vijnen*. Bastante nos habían demostrado ya sobre sus capacidades protectoras, ¿no?

Habíamos visto el diseño de rutina nocturna para Noé Martín como la herramienta para lograr que tuviera balance en sus días y se acostara a dormir feliz, sin interrupciones, hasta la mañana siguiente. Viviendo otra noche más lejos de él nos dimos cuenta de que ese ritual nocturno nos beneficiaba igual o más a nosotros; se había vuelto indispensable para que pudiéramos dormir "como bebés" (que no sé por qué dicen eso porque mi bebé apenas duerme). Antes, Marido era adicto al ejercicio; yo, a lo cognitivo y espiritual. ¿Ahora somos adictos a Noé Martín? Creo que más bien *no somos* sin él. Teníamos mucho que agradecer y celebrar, pero faltaba el invitado de honor en nuestra fiesta: el que nos salvó la vida o, para ser más precisa, el que nos invitó a renacer.

Ya les he dicho que el ejercicio siempre ha sido importante en mi vida; disfruto estar físicamente saludable y el lucir bien. La manera en que te proyectas, la manera en que luces, dice mucho de ti. Es como cuando ves un cuadro que te gusta, que te inspira, con unos colores, un buen balance. Es como cuando ves un edificio con su arquitectura, con su entrada regia, con las columnas, con su diseño espectacular y sus jardines. Observas si es un edificio que aprovecha el ambiente donde está localizado. Uno lo que piensa es que ese arquitecto, ese artista plástico o ese pintor se botó. Es algo físico; es algo que ves. Yo pienso que la imagen del ser humano es importante, y no me refiero a que luzcas bien con trajes o corbatas o zapatos caros, sino que luzcas con seguridad, con postura, agradable, firme en tus convicciones, en lo que dices y en lo que das. Verse así significa que estás seguro de quien eres y que tienes energía para llevarte el mundo, para hacer tu trabajo, para cumplir el objetivo o la meta de tu vida con pasión. Merecemos cuidar nuestro cuerpo. Es nuestro templo. Es lo que viabiliza nuestra vida. Tu imagen es el reflejo de tu interior.

Me jukié con los gimnasios desde prepa, cuando entré en la universidad en el 1992. Me empezaron a llamar la atención los gimnasios, las batidas, las proteínas, comer integral, esa rutina de buenos hábitos, de suplementos. Yo buscaba un cambio físico. No estaba conforme. Me sentía muy débil. Me sentía flaco. Sentía que no proyectaba esa seguridad que entiendo uno debe proyectar. Me sentía opaco. Me sentía que no era lo que yo quería. Yo entendía que podía dar más. Pero para dar más como persona, como estudiante, necesitaba mejorar mi físico.

Para el 1999, cuando entré a la escuela de Derecho, dejé de entrenar porque no tenía tiempo para hacer nada que no estuviera relacionado a mis estudios. Estuve casi cuatro años sin hacer ningún tipo de ejercicio. Mi rutina en la escuela de Derecho era trabajar en Price Waterhouse Coopers, que es una firma internacional de *taxes*, entre sesenta a setenta horas a la semana, cuando la jornada laboral regular es de cuarenta horas, lunes a viernes ocho a cinco. Yo era un estudiante nocturno en la escuela de Derecho. Mis clases empezaban a las seis de la tarde y terminaban a las diez de la noche. Para poder llegar a las seis, tenía que salir un poquito antes de las cinco de la tarde de la firma. Así que imagínense los malabares que tenía que hacer para completar entre sesenta y setenta horas facturables. Fue un proceso fuerte, bien difícil y drenante. Me quedaba dormido en algunas de las clases. Bueno, saqué mi primera C a nivel universitario en la escuela de Derecho. Definitivamente, no tenía tiempo para hacer ejercicios.

Retomé el gimnasio cuando terminé la escuela de Derecho y revalidé, ya para el 2003. Desde ese momento, prácticamente no había dejado de entrenar. Pasé por distintas etapas: *boot camp* en la playa, *cross fit*, *cross training*, pesas tradicionales. Inclusive, durante una época, ya trabajando en el Senado, mi semana se dividía en dos o tres días de pesa tradicional y dos o tres días *crossfit*. Estaba enfiebra'o.

Entendía que tenía la capacidad de cambiar mi cuerpo y de transformar mi energía. Claro, yo estoy diciendo esto ahora, pero cuando empecé, lo que estaba buscando era el chuleo físico; la apariencia, la parte superficial. El mayor golpe que había tenido hasta que me ocurriera todo esto del diagnóstico, y que creó en mí la insatisfacción en cuanto a lo superficial, fue en el 1984. Siempre lo recuerdo como un momento demasiado difícil. Cursaba el cuarto grado y era gordito. Mis muslos me chocaban. No tenía mucha aptitud física. Yo no era el chico atlético que podía jugar baloncesto, brincar y hacer muchas actividades físicas, porque me cansaba. Mi cuerpo no me permitía llegar a eso. Cuando formaban equipos para jugar cualquier deporte, me miraban y me decían "tú no vas a poder, tú no vas a entrar al equipo". Eran momentos dolorosos. Era lo que hoy día todo el mundo llama *bullying*. Me buleaban por gordito. No tenía esa aceptación dentro de mis amigos de ocho, nueve, diez años.

El día del *field day* de cuarto grado, en el Sixto Escobar en San Juan, cuando formaron el equipo del relevo final, estábamos todos los varones parados. El líder empezó a formar los equipos. Fui el único que no entró a ninguno. Yo levanté la mano y nadie quiso que yo perteneciera a un equipo. Me quedé triste y frustrado, mirando hacia el piso. Pito, un pana del salón hogar, dijo: "yo doy mi lugar para que entre Martín". Y todos los varones dijeron a viva voz: "No. No te atrevas. No lo queremos. Él no puede correr. Vamos a perder". Todos se fueron a completar el relevo. Yo me quedé en una esquina y empecé a llorar sin parar. Terminó el relevo y mi equipo, del cual yo no era parte, ganó. Todos empezaron a festejar.

Las niñas y todo el corillo felicitaron al equipo y al nene que era el capitán, el que no quiso que yo formara parte de ellos. Me sentí mal, me sentí como tierra, sentí que no me querían en el grupo, me sentí decepcionado. Gracias a Dios, eso no trascendió más allá del deseo de hacer un cambio, de acondicionarme. Eso marcó mi vida y sembró el deseo de cambiar mi físico y de entrar al mundo del ejercicio, el cual hoy disfruto y amo. En estos momentos en que estoy grabando estas palabras, hoy 7 de febrero de 2021, puedo decir que estoy un poquito más pasivo. Me mantengo haciendo ejercicios, pero no al mismo nivel, debido al proceso de recuperación.

A través de los años, el ejercicio fue trascendiendo de lo que era exclusivamente físico y superficial, a algo más holístico. Empecé a preocuparme por comer bien y evolucionar. Eso también conllevó un proceso mental. Cuando empecé la actividad física, a pesar de que no lo hice para competir formalmente, yo veía cada rutina como un reto. Tenía que batir mi tiempo, superar lo que hacía. Trataba de hacer el ejercicio en el menor tiempo posible y ser el primero o el segundo que terminara del grupo. Eso me demostraba que estaba dando resultado mi esfuerzo y aptitud física; estaba obteniendo buen rendimiento. Si había que hacer la rutina en veinte repeticiones en x tiempo, pues yo trataba de hacer esas veinte repeticiones en el menor tiempo posible. Competía conmigo mismo.

Canalicé ese espíritu de competencia en *Titans*. Ya estaba con mi esposa y fue en su pueblo: Orocovis. Me preparé y me concentré. A mí no me gusta correr, pero tenía que hacerlo porque era un maratón de cinco kilómetros con obstáculos. Debía adaptar mi cuerpo a correr por lo menos tres millas, y que cada milla fuera en menos de diez minutos. Empecé todos los días a tratar de correr la distancia en veintipico de minutos. Me lancé a ese reto. Me preparé. Bebí mucha agua. Comí mucha pasta y proteína limpia. Era un proceso de competencia amistosa y de lograr que mi cuerpo respondiera a lo que yo quería lograr físicamente. Competí en *Titans*, no para ganar; era para terminar el 5k haciendo todos los eventos con obstáculos. Y lo hice. Al final, estaba esperándome esa orocoveña que me ha dado energía, mucha fuerza y amor. Nos abrazamos con todo y bache. Yo me sentí el ser más dichoso porque pude lograr a mis cuarenta y pico de años un 5k con un rendimiento extraordinario en todos los retos y al otro lado me esperaba mi esposa. Sentía que estaba óptimo, que estaba en mi máxima capacidad física y mental, y sobre todo enamorado; que había encontrado la mujer que yo tanto soñaba. Fue un momento distinto a aquel *field day* de 1984. Cuando pienso en esos dos momentos en mi vida, digo *wow*.... *aunque sea con tantos años de diferencia, la vida me permitió sentir esa satisfacción.*

 La parte física es importante, pero la parte mental es determinante. Cuando a ti te dicen que tienes que hacer cuarenta *burpees* o cincuenta *burpees*, necesitas una fortaleza mental para poder hacerlo y no quitarte. Si no, vas a decir "yo no puedo, estoy fatigado, me voy pa' mi casa, yo estoy pagando, voy a hacer veinte y me voy". Se trata de esa misma fuerza mental tan indispensable cuando tienes un proyecto, una visión de lo que quieres hacer.

Necesitas fortaleza mental para enfrentar las frustraciones y la fatiga. La mente es poderosa.

Ya en Texas, en medio de ese proceso de luchar por mi salud, Arleene y Eric fueron unes ángeles que puso el Señor en nuestras vidas. Todo tiene una razón de ser. Estar en la casa de Arleene y Eric por espacio de tres semanas reunió en un sitio distintos elementos que estaban pasando en mi vida, en la vida de Keila y que siento que fueron el motor para prepararnos para ese 10 de junio. Arleene es una *freak* del ejercicio y a Eric también le gustaba. ¿En qué mejor sitio podía estar esas tres semanas antes del 10 de junio? Arleene diseñaba las rutinas. Ella se iba a trabajar y pensaba qué ejercicio fuerte me iba a poner. Yo pensaba mientras estaba en la casa qué ejercicio fuerte yo le iba a poner a ella para retarnos. Cada uno trataba de ganar y cuando uno ganaba o el otro llegaba primero, festejábamos. La satisfacción de hacer ejercicios me permitió despejar mi mente y concentrarme en mí para manejar la ansiedad y los temores naturales a días de entrar a un hospital para una cirugía en mi pecho. Esos momentos se convirtieron en una válvula de escape ante el miedo y las dudas naturales que amenazaban con apoderarse de mi ser.

Otra dosis de medicina de vida que me ayudó fue ver ese ángel de tres años batallando contra el cáncer. Verlo llegar todos los días con su carita alegre, con energías, sin importar que el cáncer haya habitado su cuerpo. Aun así, habiendo batallado tanto desde antes de cumplir un año, con tratamientos, con quimioterapias, operaciones, tubos, drenajes, él llegaba alegre y nos invitaba a jugar. Fue algo hermoso. Algo único. Esa pequeña criatura me demostró que lo que yo estaba pasando se puede sobrevivir, se puede trabajar, se puede vencer. Yo recibía de él esa energía cada vez que lo veía con tanto ánimo y fuerza, con la dulzura propia de un niño que recién comienza a vivir.

Arleene y Eric son también de buen comer, aunque déjenme decirles que esas tres semanas Eric me llevó al palo con las *IPAs* y las *Dos Equis XX*. Me lo disfruté. Pero a la misma vez, comíamos bien. Ensaladas. Proteínas. Nuestra agua alcalina. Y no solo era nutritiva la alimentación; también me nutría el entorno. Aquel hogar era un remanso lleno de vegetación de varias cuerdas de terreno. Yo me levantaba todas las mañanas con mi taza de café, me sentaba en la terraza, y miraba la vegetación que enmarcaba un horizonte infinito. Desde allí, tenía la paz que necesitaba para hacer las gestiones a veces perturbadoras y burocráticas para coordinar las autorizaciones con el plan médico para la cirugía. Me comunicaba con la gente que quería escucharme y que me deseaba lo mejor.

Durante las mañanas, me sentaba en la sombra de un árbol a meditar. Siempre me había llamado la atención meditar. Desde antes que comenzara el encierro por la pandemia y mi situación de salud, mi esposa siempre hablaba de meditar. En casa, ella lo hacía y lo hace todo el tiempo. Casi siempre ella medita en las noches. Siempre me había hablado de la tranquilidad que le da y del poder de la mente. De las cosas que más he admirado de Keila es su capacidad de poder concentrarse, relajarse y buscar recursos que ayudan a trabajar el estrés y la ansiedad. Yo nunca había recurrido a ese tipo de mecanismo. Empecé a tratarlo esporádicamente. Me quedaba dormido, me aburría y me desesperaba. Ya en la situación, Keila me exhortó a meditar usando la aplicación de meditaciones guiadas que ella usaba. Después de tanto cabildeo, bajé la aplicación a mi iPad. Allí, bajo ese árbol frente a la casa de Arleene, comencé a tomar cursos sobre manejo del dolor y otro ofrecido por Lebron James. ¡Sí, leyó bien, por Lebron James! Me relajé, seguí el consejo de mi esposa y varias veces meditamos juntos. Cada vez que yo tenía una meditación, me sentaba con ella y lo hablábamos. Ella me decía "sí, de eso se trata". Me abrazaba, me acurrucaba, me miraba a los ojos y yo veía el amor, la dulzura, el orgullo que le provocaba ver que me estaba entregando a la meditación. Hoy tengo que decir que aquel que no lo ha hecho, lo haga. La meditación da fuerza interna y mucha tranquilidad. Y no es solamente en los diez o quince minutos que estás meditando, sino que, a medida que vas creando ese hábito, te vas relajando, vas cultivando tu parte espiritual y el poder de la mente.

Yo le tenía miedo al dolor. Tenía miedo a la recuperación. Tenía miedo a la soledad. Keila no iba a estar conmigo en el hospital por el asunto de la COVID-19. Yo iba a estar solo los días que durara la recuperación. Tenía miedo a perderla. A perder lo que había buscado por mucho tiempo. A perder de quien estaba aprendiendo todos los días de mi vida. A no estar junto a ella. A no ver a mi hijo crecer y correr. A no escucharlo decirme "papá". A no cargarlo, acurrucarlo y hacerlo hombre de bien para entregarlo a la sociedad como nuestra aportación, como un gran ser humano. Tenía miedo. Temía no lograr lo que por años había soñado.

La meditación fue una pieza esencial más allá de la parte física, del ejercicio que estaba haciendo, porque me dio fortaleza. Lo más importante: aprendí que mi cerebro podía controlar lo que pasaba del cuello para abajo. Podía controlar la ansiedad y el manejo del dolor. Prácticamente, todas las meditaciones que tomé fueron dirigidas al manejo del dolor; aprender a meditar, aprender a respirar, a buscar en mí lo que llaman ellos tu centro, tu *homebase*. Algunos lo hacen por respiración, otros por movimiento de alguna parte del cuerpo. Yo escogí la meditación de la respiración profunda, inhalar, exhalar, visualizar e irte en un viaje; ver lo que quieres lograr sin que lo que esté a tu alrededor te perturbe y, si lo que está a tu alrededor te perturba, con la meditación vuelves y caes en la respiración. Eso es importante para poder manejar la ansiedad, la desesperación y eso yo lo hacía allí, bajo la brisa, en la falda del árbol, a la sombra de las hojas, a veces sentado y otras descansando mi espalda sobre aquella grama espesa. Sentía calma y paz; logré crear un ambiente centrado en mí, en el que estábamos solamente la naturaleza y yo. A eso dedicaba diez minutos: en centrarme y pensar: *esto es una guerra, es una batalla, pero necesitas tener calma, necesitas tener esperanza, necesitas tener ilusión, de que vas a salir bien. Necesitas perder el miedo al dolor físico que puedas sentir, a la ansiedad, a la soledad que puedas sentir en esa institución hospitalaria.*

Lebron James fue una inspiración para mí. Me gustaría conocerlo, porque jamás pensé que él le daba importancia a la meditación. En las meditaciones guiadas que forman el paquete, lo más importante que aprendí de él es cómo controlar tu mente y no dejarte llevar por el bullicio del público, no prestarle atención a lo que está a tu alrededor y no pensar en el resultado como tal, en la victoria, sino pensar en el proceso para llegar a la victoria. Yo estaba pensando, no en lo que iba a pasar después de la operación; estaba pensando y centrándome en mantener la calma, la serenidad, la fe, la esperanza de mi vida. Quería ir preparado y tranquilo a ese cuarto de cirugía, ya que después iba a tener el fruto y el regocijo de salir bien. En esa primera parte, lo más importante era no desesperarme, tener calma, confiar en el proceso, confiar en las manos de los médicos, confiar en Dios, guiarme por la espiritualidad.

En esas tres semanas, hablaba prácticamente con alguien todos los días. Me di cuenta de que mucha gente me quiere, nos quiere, nos ama y se preocupa por nosotros. Todos los días recibía tres o cuatro mensajes de texto, llamaba, hablábamos varios minutos. Percibía los buenos deseos de la gente, mi familia y mis primos. Mi prima Marta, Elba, titi Olga, titi Irma, Milagros y tantas otras mujeres de mucha fe y fortaleza, y en ese tiempo debajo de ese árbol también me dedicaba a hablarles. Ellas me inspiraban con sus palabras. Repasábamos pasajes de la Biblia y yo terminaba poderoso. Cada día yo me sentía más fuerte con las palabras de estas personas y con el proceso de meditación. Me sentía poderoso, que mi cuerpo y mente iban a poder con todo lo que viniera de frente. Fue un periodo muy bonito y de mucho crecimiento. Ante la adversidad, ante la dificultad, yo crecí, maduré; me convertí en lo que soy hoy. Ahora creo mucho en la mente. Hoy creo en mí y en mi capacidad de no estar quejándome. Creo en mi poder de luchar y, a la misma vez, relajarme. Cada vez que me pongo ansioso, respiro, inhalo y exhalo.

Ese proceso conllevó también otra parte en mi crecimiento espiritual. Siempre he sido muy creyente, pero nunca había rezado el rosario solo. Lo había recitado en funerarias, en velorios, en distintas ocasiones, pero nunca me había sentado a rezarlo en mi intimidad. Keila fue mi instructora, mi guía espiritual. Se sentó conmigo y empezamos a rezar el rosario. Ella era la que lo guiaba. Empezábamos con el *rosario de la sanación*. A partir de ese momento, ese rosario se ha convertido en parte de mi vida. Cuando estábamos en Texas, lo rezaba todos los días. *Jesús, ten piedad de mí; Jesús, sáname; Jesús, sálvame; Jesús, libérame.* Se ha convertido en un mantra para mí. Fue y es determinante en mi vida, tanto en ese momento de Texas antes de la operación, durante la operación mientras estaba en el hospital, como después. La oración es algo que está conmigo y me da la fuerza día a día para seguir viviendo con salud plena.

¡Llegó el momento! Nosotros nos fuimos de casa de Arleene el domingo, 7 de junio. *Wow... ya se acabaron las tres semanas... qué rápido va el tiempo.* Yo sabía que iba a salir bien de la operación. Habíamos hecho la reservación para el hotel donde estaría Keila. Tratamos de que fuera el hotel que queda en el mismo hospital comunicado con un puente. Quería que Keila estuviera lo más cerca posible de mí. Ese hotel tiene jardines, áreas verdes, espacios abiertos con claridad, tiene área de comer. Es muy acogedor. Sus cuartos son cómodos, tienen ventanales y todos los que están quedándose allí están porque tienen algún familiar en el hospital o les propies pacientes. La atención es única. Cuando tú estás en este tipo de situación de dificultad, lo que quieres es estar en un sitio cómodo, que sea agradable visualmente, que se sienta limpio, porque el proceso es difícil y a veces, uno puede caer en depresión. Ante tal escenario, uno quiere estar en un sitio ameno para poder tener la fuerza de recuperarte ante la dificultad que estás atravesando. Me sorprendió que hasta el personal de limpieza parecía estar capacitado para tratar con personas que atraviesan una situación particular de salud.

Sin embargo, no había habitaciones disponibles. Solo quedaba disponibilidad para el 11 de junio en adelante. Por ende, teníamos que buscar dónde quedarnos del 7 al 10 de junio. Decidimos ir a este otro hotel en Houston. Lo más importante que estábamos buscando era que el hotel tuviese congelador para almacenar la leche de Noé y poder enviarla a Puerto Rico. Keila llamó como tres veces para asegurarse de ese detalle antes de hacer la reservación; le dijeron que sí, que la habitación tenía *freezer* independiente. Llegamos al hotel. Arleene nos dejó y una de las cosas que más nos chocó es que cuando llegamos al hotel y completamos el *check in*, el que estaba en el *front desk* nos dijo "ahí está el carrito. Pueden subir las maletas". Yo esperaba que al menos me ofreciera ayuda para llevar las maletas al cuarto. Subimos las maletas y yo noté la cara de Keila transformada, con estrés. Le pregunté si estaba bien y ella dijo: "es que aquí hay un olor, huele a habichuela vieja, aquí hay algo que no me gusta". Llegamos al cuarto. Era cómodo, pero cuando lo vi supe que a Keila no le iba a gustar. A mi esposa no le gustan los lugares oscuros, los siente sucios. A mí tampoco me gustan, pero ella no tolera los espacios encerrados que carezcan de claridad; y menos con muebles marrones. Ese cuarto tenía las alfombras marrones, el mueble era marrón, todo era marrón, los gabinetes eran marrones... ¡No había nada de blanco! Las paredes y las cortinas eran crema, pero en la tonalidad más oscura posible. Parecía un café con leche oscuro. Era deprimente y más después de haber estado por semanas en un hogar lleno de amor y tranquilidad.

Primero habíamos ido a otro cuarto buscando el *freezer* y cuando fuimos a la nevera, la nevera era un *cooler*, no tenía *freezer* independiente. Así que llamamos al *front desk* y le dijimos que estábamos buscando un cuarto con *freezer* independiente. Ahí nos mueven al cuarto café con leche. Empezamos a poner las cosas en la nevera; Keila estaba preocupada porque el cuarto estaba sucio. Apestaba. Llamamos al *lobby* y nos dijeron cuánto era la tarifa del nuevo cuarto. La tarifa costaba más que el cuarto del hotel del hospital.

—Pero es que este cuarto no vale esa cantidad de dinero que nos estás cobrando.

—Pero tiene *freezer* independiente.

—Pero es que por un *freezer* independiente no es razonable pagar tanto dinero.

Ellos se colgaron en el servicio al cliente. Propuse a Keila quedarnos y no preocuparnos más. Ella se mantuvo firme. "No me quiero quedar, porque siento que estamos pagando mucho por poco servicio y el trato no ha sido el mejor". Finalmente, estuve de acuerdo con ella. Siempre ha sido así: no se queda donde siente una mala vibra.

Llamé *rush* a una de estas aplicaciones de reservaciones buscando un cuarto con *freezer*. Conseguimos otro hotel a menor costo. Así que nos fuimos del hotel dejando atrás la habitación café con leche oscuro. Pedimos un *Uber*. Ahí llegó un chofer con cara de pocos amigos. Montamos las cosas en el carro. No nos ayudó. Nos llevó al otro hotel. Keila bajó los cristales. Él se puso hostil y dijo que los subiera porque hacía calor. Detuvo el carro en plena avenida. "Yo no me voy a mover de aquí hasta que ustedes suban el cristal". Nosotros nos mantuvimos firmes en que no íbamos a subir los cristales porque por el protocolo de pandemia los cristales debían estar abajo, según la misma aplicación de *Uber*. Él insistía. Yo le dije: "mire, caballero, ya lo que queda es un minuto". El hotel estaba a menos de dos minutos de distancia. Él nos llevó refunfuñando. Llegamos al hotel. Llevábamos varias cajas porque íbamos a guardar y enviar la leche materna para Noé, más nuestras maletas. Bajo el inclemente sol de Houston, mientras caían las gotas de sudor por mi cara, traté de bajar las cosas lo más rápido posible. El conductor me ajoró y me dijo: "tienes que bajar las cosas ahora porque yo me tengo que ir a buscar otro pasajero".

Luego de ahí, fuimos al *front desk* del *Extended Stay America*. Era como un *Days Inn* de dos pisos, pequeño, oscuro. Entramos a la habitación que era mucho más pequeña que la café con leche oscuro, aunque tenía la cocina y el *freezer*. Cuando fuimos al baño, la bañera estaba sucia. Llamamos al *front desk*. Subió la muchacha y nosotros, con el estrés de la COVID-19, la esperamos afuera en el pasillo. Ella entró, limpió el baño y nos pidió mil disculpas. Le dimos una propina y las gracias porque realmente fue muy amable y nos brindó un servicio excelente. Entramos. Nos sentíamos apretados. El cuarto no tenía balcón. Era pequeño. No teníamos todos los utensilios. Había que buscarlos al *lobby*. Pensábamos que estaría todo en el cuarto.

Nos sentamos en aquella cama y ya eran como las cuatro o cinco de la tarde. Puse una música bonita y vi que a Keila se le formó una trompita como de nena chiquita. Le pregunté qué le pasaba y comenzó a llorar. Me dijo como pudo, medio avergonzada: "es que yo sé que pusiste esa música para hacerme sentir mejor, y me da mucho sentimiento, y este día ha sido tan fuerte...". Y yo comencé a llorar con ella. Nos abrazamos y lloramos y lloramos y lloramos. Ese llanto fue un llanto de miedo, de incertidumbre; fue un llanto de decir "esta es la realidad" luego de haber estado tres semanas con Arleene y Eric en un proceso de relajamiento, de comodidad, en un proceso de meditación, en un proceso de buen comer, de recibir llamadas y mensajes lindos y positivos. Lo más que nos dolió era que sentíamos miedo de perder lo que habíamos logrado, de perder la fortaleza que teníamos, de perder el deseo, la espiritualidad que habíamos cultivado. Quizás lo que había pasado en casa de Arleene y Eric era una caja de cristal, una fantasía de tres semanas y ahora que estábamos a días de la operación, enfrentábamos la realidad: el riesgo, el estar solos físicamente, aunque teníamos el respaldo de mucha gente a distancia. Nos dio miedo. Vi por primera vez a

Keila frágil y yo fui reflejo también de debilidad en ese momento. Sentía hasta frío y falta de deseos para levantarme de aquella cama dura.

Lo más que nos chocó fue la falta de sensibilidad del tipo del *front desk* del primer hotel y del chofer del *Uber*; sentir que hay gente cruel a la cual no le importa les demás y nosotros estábamos en el momento más vulnerable de nuestras vidas. No teníamos la fortaleza de aguantar el trato fuerte difícil de les demás. No habíamos llorado en prácticamente un mes. Necesitábamos llorar. Necesitábamos sufrir antes de ese proceso, o más bien desahogarnos. Nos abrazamos como si no hubiese un mañana. Nos consolamos. Nos secamos las lágrimas y volvió a nosotros esa sonrisa de fe, esa sonrisa de esperanza, esa fuerza espiritual. Frente a la cama había un cuadro con la foto de una puerta roja entre paredes de ladrillos viejos. Keila me dijo: "estamos en Venecia", y se *pompió*. En ese cuarto, Keila me dijo "saca el rosario que yo te regalé" y ahí me dio lecciones de cómo yo rezar el rosario solo, porque hasta ese momento siempre lo había guiado ella. Ya yo me estaba preparando para estar solo en ese próximo 10 de junio, con todo el aprendizaje, con toda la fuerza, con todas las armas, listo para la guerra.

La preadmisión del 8 de junio me inyectó motivación: los exámenes de sangre, el electrocardiograma, cuando vi al anestesiólogo, TODO apuntaba al éxito del procedimiento. Me decían: "tú estás perfecto, estás bien, tú vas a salir bien". Yo sabía que era el resultado de tener la aptitud física que yo había trabajado a través de los años y de mi buen comer, a pesar de que, a la misma vez, sabía que había gente que decía: "él, tanto físico, tanto ejercicio, tanto buen comer, y mira donde está: enfermo". Aunque físicamente estaba enfermo, nunca me sentí así. Me sentía con fuerza y energía.

Ese 10 de junio de 2020, me levanté en el *Extended Stay America*. Vi a mi esposa. Dios, yo he luchado tanto para lograr mis metas, para lograr mis sueños para hacerme CPA, para ser abogado, para convertirme en juez; pero, sobre todo, para tener una vida plena, saludable y estar al lado de esta persona que está aquí en esta cama, de esta preciosura, de esta chica cool, de esta mujer inteligente y con carácter que me está acompañando aquí. Yo he luchado y he pasado tantas frustraciones para encontrar esa persona que yo ame y que me ame, con la que me sienta cómodo, que nos riamos juntos, que gocemos la vida... Que la haya encontrado y que con ella, haya tenido a nuestro bebé... esto no se puede acabar aquí. Esto no se puede terminar aquí. Esto es un reto y yo tengo que luchar, yo tengo que entrar a ese edificio con las mayores ganas y deseos de vida. Aunque tenga miedo, aunque no sepa lo que va a pasar, aunque no sepa cuánto tiempo estaré allí, me siento listo para hacer los cincuenta burpees. Me siento listo para hacer los cincuenta push ups. Me siento fuerte física, emocional y mentalmente. Estoy preparado para cruzar esas dos puertas de cristal y salir triunfante de todo este proceso.

Keila es energía. Ella es esa espinaca que te da esa fuerza. Si yo hubiese estado solo, no sé de dónde hubiera sacado la valentía. Ella y Noé eran y son la motivación para echar pa'lante. Ese balance físico-emocional iba con ella, con este deseo. Yo sentía miedo de dejarla sola, de no saber qué iba a pasar, de dejarla prácticamente desamparada en una ciudad tan grande como Houston, sin saber por cuánto tiempo. Pero también tenía un poco de tranquilidad porque sentía que mi cuerpo iba a superar esta prueba.

El 10 de junio, salimos de ese hotelillo y nos dirigimos al jardín del hotel del hospital. Allí nos sentamos. Yo con un té porque no podía beber nada oscuro antes de la operación. Nos sentamos a contemplar la naturaleza. Hablamos de nuestra vida. Hablamos de Noé. Hablamos de nuestros sueños. Hablamos de lo que queríamos como pareja, como familia; de lo que iba a pasar después de esa prueba que Dios nos había puesto. Repasamos las herramientas que había adquirido para la batalla: esa fortaleza física, esa fortaleza emocional, esa motivación de Kayden, la meditación, esa espiritualidad a través del rosario... esa lucha, esa fe. El amor grande que Keila me demostró era lo que yo me llevaba a la soledad de ese hospital. En ese instante, no sentía temor. Mi pensamiento estaba concentrado en demostrarme que yo podía con lo que venía y que la fuerza divina estaba en mi cuerpo. Allí me puse mi mochila como si fuese para el *backpacking* de nuestro viaje por Europa. Keila me cruzó al otro lado de la calle como cuando cruzas a un niño que va a la escuela. Le di un beso, un apretón y le dije: "nos vemos". Despedirnos fue muy triste. Sus manos sudaban y percibía el calor intenso que emanaba de su piel cuando rozaba con la mía durante nuestra despedida para yo tomar mi vuelo a la salud plena. Fue como cuando te vas de viaje sin fecha de regreso. De repente se me fue la calma y sentí el alejamiento, esa incertidumbre. Ese *wow, me estoy alejando de mi piedra, de la persona que me ha dado la fortaleza en todo este tiempo ¿Qué voy a hacer sin ella?* Pero a la misma vez me decía: *ella me enseñó a trabajar todo esto desde el corazón, desde el cerebro, desde la mente*. Me enganché el *backpack*, caminé con mis manos aguantando los *handles*, con la frente en alto, erguido, como camino a trabajar. Como decía Lebron James: "Entra a la cancha y no mires al público. Concéntrate. Mira de frente. Ponte las gríngolas como los caballos y esa visión enfocada al frente en lo que quieres lograr". Caminé por los pasillos del hospital sin miedos, sin temores, con una fortaleza enorme. Estaba seguro de que iba a salir bien porque me preparé para ello.

Llegué. Tomé asiento. Di mi información. Eran varias áreas de espera con muchos asientos, pero como estábamos en pandemia estaban vacíos. Por el distanciamiento social, cada paciente se sentaba solo en un área. Levanté la mirada y vi unos televisores que tenían el número de sala de operación, el nombre del paciente, el nombre del doctor y el estatus: si estaba para entrar a sala de operaciones o si había terminado la operación. Era como estar en un aeropuerto. La sala de espera tenía muebles acojinados, peceras, muchas ventanas. Al otro lado vi la secretaria, otra señora sentada que también se iba a operar tenía su almohada y sus frisas. Yo solo tenía mi *backpack*. Empecé mis técnicas de meditación: inhala, exhala. Me sentía como si fuera para un viaje; tenía mi bulto y estaba esperando mi vuelo. Como los viajes que hablamos, pensaba que este era otro viaje. Un viaje de búsqueda de salud, de sueños, de esperanza, que era cuestión de unos días para volver a la realidad fuera del hospital sano y salvo.

Me pasaron a un cuarto. Eran como las dos de la tarde. Me dijeron que estaban retrasados y que la operación sería después de las cuatro de la tarde. Me acosté. Me empezaron a tomar los vitales, a ponerme suero. Me dijeron que me quitara la ropa y me pusiera la *batita*. Era mi primera vez con la *batita* y las nalgas por fuera. Nunca había estado hospitalizado. Pero no tenía miedo. Cada vez que sentía algo de temor, inhalaba, exhalaba. Inhalaba. Exhalaba. Puse las aplicaciones de meditar en el iPad. Puse música. Me creé mi propio ambiente de *spa* en el cuarto preoperatorio. Empecé a textear con algunas amistades y familiares. El anestesiólogo empezó a hablar en inglés y yo dije: *"Do you speak Spanish? Where are you from?"*, y él respondió: *"I'm from Colombia"*. Me preguntó si prefería hablar en español y yo: *"Yes! Of course!"*. ¡El tipo me dio tanta tranquilidad! Me explicó el tipo de anestesia: que me iba a hacer un bloqueo, que no iba a sentir dolor. Me explicó que a lo mejor iban a tener que tocar un poco el pulmón pero que posiblemente no. Me dijo que estuviese tranquilo porque mi mejor decisión fue ir a aquel hospital; además, me veía saludable y fuerte.

Fueron entrando distintas personas, algunes asiátiques, otres negres, otres blanques, otres latines, y yo me sentía como si estuviera viajando por el mundo como *El Principito*, conociendo sus nacionalidades. Eso me dio mucha calma. Me paré como cien veces a ir al baño por el frío y la ansiedad. *"Mr. Orta, it's your turn"*. Me acomodaron en una camilla y recordé unas palabras que me dijo una compañera jueza cuyo nombre empieza con la letra B (me lo reservo), que había pasado por un proceso de operación: "cuando estés en la camilla, piensa que vas a dormir y que no vas a sentir nada". Así hice. Fue de los mejores consejos que me dieron en todo el proceso.

Llegué al cuarto de operación. Ahí había distintas personas y yo no sé si era el nerviosismo, la ansiedad o el presentamiento que me caracteriza, empecé a preguntar a cada uno de dónde eran y qué hacía cada máquina.

De repente, sentí algo que se me acercaba en la cara. "*Mr. Orta... Mr. Orta... Are you ok? Are you ok?*". Abrí los ojos y pregunté: "¿Dónde estoy? ¿Ya pasó todo?". Y me dijeron: "Sí. Ya la cirugía se completó. Está muy bien". Y yo: "¿quééé?, ¿ya me operaron?". "Síííí". Eran como las 10:00 p. m. Abrí los ojos y me vi lleno de tubos de drenaje; dos que salían de la boca de mi estómago hacia el pecho. Tenían sangre, y una serie de tubos que estaban debajo de la camilla. Pero nunca me puse nervioso. Sabía, porque me habían explicado antes, que iba a tener esos tubos. Por lo más que le di gracias a Dios fue por estar vivo. *Estoy aquí. Respiro. Abrí los ojos. Veo. Estoy con vida.* Y no lo podía creer. No sentía nada de dolor. Empecé a hablar incoherencias con el personal del hospital. Empecé a preguntarles cómo había sido el proceso, a preguntar a la gente "*Where are you coming from? How long time have you been working here? What is your name? I'm from Puerto Rico*".

Ahí me pusieron a mi esposa al teléfono. Fue un momento hermoso. Un momento en que dije: "Mi amor, estoy bien; ya el vuelo llegó y aterricé seguro. Ahora voy a estar unos días en el hotel y cuando salga, espero verte". Me sentía así. Me sentía como si la estuviera conociendo por primera vez. Estaba loco por volverla a ver. Ella me habló y escuché su voz melodiosa llena de amor. Ya la Keila nerviosa y preocupada que me vio partir al viaje se había ido y estaba la Keila relajada, tranquila y serena.

Me movieron del área de recuperación al cuarto. Me preguntaron si estaba bien y si sentía dolor. A mí no me dolía nada. Me sentía nuevo, me sentía entero y así se lo decía a todo el mundo. Conecté todos mis equipos electrónicos en los receptáculos de la cama de posiciones. A las 2:00 a. m., decidí hacer una llamada importante a un ser que amo, a un ser que estaba preocupada por mí: a mi madre.

–Mami, estoy bien.
–¿Estás bien?
–Estoy bien. No me duele nada. Solo te llamaba para que no estuvieras preocupada y te sintieras tranquila. Tu hijo está sano, salvo, vivo respirando –enganché.

Dormí. Me pusieron una pizarra al frente donde tú medías el dolor del uno al cinco y mi dolor yo siempre lo medía de uno a tres, nunca sobre. Por la mañana, llegó mi enfermera, que era de Filipinas. Era excelente, pero hablaba mucho. Me dijo que tenía que ordenar mi desayuno. Me dio el menú: revoltillo, avena, farina, fruta, yogurt, jugo, café. Yo podía escoger todo lo que quisiera comer. Estaba maravillado. Todo estaba delicioso. Luego, le dije a la enfermera: "Necesito levantarme de aquí. Me siento sucio. Me siento sudado. Necesito darme un baño o lavarme". Ella se sorprendió de que me quisiera levantar y me ayudó. Cuando me paré, que tenía que mover el suero, sentí algo que me molestaba en mi pene. Me miré. ¡Tenía un *foley*! Yo nunca había tenido un *foley*. No me acordaba de que me lo iban a poner. No sé cuándo me lo pusieron, pero lo cierto era que lo tenía. Tenía que caminar lentamente para evitar dificultades. Fui al baño y me pasé varias toallitas húmedas. Me cambié yo solo. Me puse unas *happy socks* de colores y me dijeron: "No, caballero, no puede usar esas medias, tiene que usar unas medias que no resbalen".

Llegó el doctor con la enfermera y me dijo: *"Jose, you look good! Are you feeling pain?"*. Contesté que no. Nunca sentí un dolor crónico. Sí me ardía la herida en mi pecho de vez en cuando, pero no fue un dolor inmanejable. Llegó el momento que sabía que llegaría. Fui al baño, me quité la bata, me vi al espejo y vi que mi pecho tenía una cicatriz como de diez pulgadas en el medio de los pectorales. Todavía no podía percibir bien la forma de la cicatriz porque estaba aún cubierta de pegamento. Me quedé mirándome y dije: *ya no tienes el pecho de cuando empezaste a hacer ejercicio y presumías tus pectorales; ese pecho ya no es el mismo. Ahora tienes un pecho con una cicatriz que significa que continúas con vida, que te han extirpado algo que tenías en tu tórax y que estás limpio, que estás sano, que has vuelto a vivir con salud plena. Esa cicatriz va a estar contigo y va a marcar un antes y un después*. Así la veo todos los días de mi vida.

En las noches sentía la soledad de aquella habitación fría y oscura sin vista al exterior. Cada tres horas, me interrumpían mi sueño para los medicamentos y preguntarme: *"How is the pain?"*. Mi contestación siempre fue la misma: "normal". No sé por qué decía "normal". Algún dolor sentía, pero estaba contento y positivo ante la vida, ante el deseo de seguir soñando y cumpliendo mis metas junto a Keila y Noé. Cuando pasaba el efecto de los medicamentos, un ardor tenue se apoderaba de mi pecho como si tuviese un fósforo prendido a unas cuantas pulgadas. En esos momentos, créanme, paraba de pensar en el dolor, cerraba los ojos, imaginaba una vida plena fuera de aquel cuarto y comenzaba a respirar profundamente hasta irme en una meditación.

Durante los tres días que estuve allí, me visitaron varios técnicos de rehabilitación y de terapia física para explicarme que no podía hacer fuerza y que no podía alzar las manos. Empezamos a caminar por el cuadrante de enfermería y lo hice muy bien. Mi capacidad respiratoria también respondía bien. Miércoles, jueves y viernes fueron días de mucha atención médica, días de buen comer y de tener mi mente positiva en todo momento. Comí camarones, comí arroz pilaf, comí bizcocho, frutas frescas. Era un menú de lo que yo quisiera. Claro, en un momento dado restringían la dieta porque tenía que esperar que una de las venas sanara y no podía comer mucha grasa. Fueron días de mucha meditación, de hablar, y me acuerdo de que una de las videollamadas que más energía me dio fue una en la que estaba mi esposa, Raiza, Iraida, el Juez, Alfonso, Ángel y Maritere. Me sentía en casa. Fue un encuentro sincero y motivador. Sentía que mucha gente se preocupaba por mí, que mucha gente me quería, que mucha gente oraba por mí y que quería que yo me restableciera. Eso me daba alegría y paz. No me sentí en soledad en esas noches. Había gente esperándome allá afuera. Tanta emoción me causó un poco de fatiga así que me despedí para descansar. Oye, me sentía superbién, pero el cuerpo necesitaba su proceso de recuperación.

Llamaba a mi esposa a cada rato. La veía por videollamada y sentía su compañía, aunque ella estuviera al otro lado de la calle. La sentía en el cuarto; sentía su amor, sentía su espiritualidad, su fortaleza. Sentía ese amor en su mirada y sentía que me extrañaba y que yo la extrañaba mucho a ella. Me hacía demasiada falta en esos días.

Ese viernes antes del alta me levanté con más energías de vida y con ganas de salir ya del hospital. Cada día que pasaba, sentía que estaba volviendo a mi cien por ciento en términos de caminar, vacilarme la vida, gozar, sencillamente amar y vivir. Pues, esa tarde me salió lo de Santurce que vive en mí. Prendí mi iPad, activé la aplicación Pandora y seleccioné *salsa*. Comencé a escuchar a Frankie Ruiz, Héctor Lavoe, el Gran Combo. Le dije a la enfermera que dejara la puerta abierta para ver acción desde mi cama. Parece que la salsa se escuchó por aquellos pasillos. Cuando la enfermera llegó a mi puerta me dijo *please* y la cerró. Pero no me dañaron mi *party*. Continué mi tarde bailando salsa desde la cama.

Pero llegó lo menos esperado. Tuve que respirar para el momento de quitarme el *foley*. Aún no puedo creer que haya tenido un *foley* y que haya salido todo bien. Y así se fueron los días hasta que el doctor me dijo que me daría de alta el sábado porque yo "estaba nuevo". Y así me sentía: nuevo para nuevas hazañas. Mi cuerpo no me había traicionado; me estaba recompensando por todos los años que le fui fiel y lo cuidé.

Me montaron en una silla de ruedas. Yo no sabía ni por dónde iba a salir para decirle a Keila. Salí por el *lobby*, me montaron en una guagua y cuando llegué al *lobby* del hotel, vi a esa mujer con *faceshield* y mascarilla, con unos globos hermosos, que me esperaba. Ella abrió los brazos y yo decía *gracias, Dios, por ponérmela en el camino; gracias, Dios, por vivir; gracias, Dios, por superar la ope-*

ración y no sentir dolor. Estaba feliz, estaba enamorado, estaba contento de verla. Caminamos del *lobby* al cuarto. Llegamos. Allí había un camioncito azul con un arreglo floral impresionante, una postal hermosa y empecé a llorar, llorar, llorar, pero no de tristeza sino de gratitud, de amor, de placer, de tenerla junto a mí, de que estábamos superando esto juntos y que todo iba bien.

Nos conectamos con nuestro Noé. Lo vimos por videollamada y sentí una alegría inmensa de volver a ver a mi chiquillo, a nuestro bebé, de poder estar a horas de regresar cerca de él y culminar este viaje, esta experiencia. Ya el martes estábamos volando de vuelta a Puerto Rico. El martes, mi esposa siguió siendo la líder en el aeropuerto.

Ah, claro, ya habíamos tenido nuestro segundo día en que ella me bañaba entero, con todo: nalgas y espalda, porque yo no podía hacerlo solo. Te amo.

IV

22 de mayo de 2020

Era otro viernes, cuya llegada fue ansiada por nosotros con más intensidad que todos los viernes sociales juntos. Habíamos llegado a Texas el martes de esa semana. Tan pronto llegamos, entendimos por qué era el segundo estado de Estados Unidos con mayor contagio de coronavirus. La gente estaba viviendo como si nada; sin mascarilla, poco distanciamiento social. Es decir, la gente estaba al garete, a lo loco. Yo me encerré, de la misma forma que lo haría una persona razonable si al otro lado de la puerta se estuviera acabando el mundo con *zombies* por todas partes y la jungla de *Jumanji* suelta. Al momento de escribir esto, puedo aseverar que estoy un poco más relajada. Sin embargo, no dejo de pensar que esa conducta despreocupada en medio de una pandemia equivale a un acto inmoral y criminal. Si tú no tienes interés en proteger tu vida y tu salud, se te respeta.

Creo en la eutanasia. Pero no atentes contra la vida, la salud, la paz de les demás. Menísimo atentes contra mi familia, por la cual estábamos dándolo todo.

Partimos de Puerto Rico hacia Texas montados a caballo con la mitad de la cara pintada de azul como Mel Gibson. Puño arriba y grito de guerra. Dejamos todo atrás. Si teníamos que perder la casa, la perderíamos. Si teníamos que radicar una quiebra, la radicaríamos. Si teníamos que mudarnos a Orocovis con Mami, nos mudaríamos. Si teníamos que ser despedidos por abandono de empleo, que así sea. Después de todo, me dicen que los beneficios del desempleo no están nada mal. Si al exponernos al coronavirus nos contagiábamos, pues lo combatiríamos. Hasta nos separamos de Noé Martín con el convencimiento de que volveríamos a ser los tres, siempre juntos los tres, o ninguno.

Sobrevivimos la primera batalla. Esquivamos *zombies* amenazándolos con clavarles la estaca en el corazón, esa estaca imaginaria de seis pies que llamamos "distanciamiento social". Llegamos al hotel y procedimos a lo que cualquier guerrero de batalla procedería: descansar para recuperar fuerzas. Confieso por los dos que, a pesar de extrañar a Noé Martín y estar bastante nerviosos, nos cogimos en serio el menester de dormir, al fin dormir.

Con excepción de una breve salida para que le hicieran a Marido la prueba de la COVID-19, nos mantuvimos en el hotel. Una notificación de resultado negativo nos inyectó ánimo. Mantuvimos nuestra rutina estricta de exposición mínima y desinfección constante, pues había funcionado. Según requerido por el hospital desde hacía ya semanas, en conjunto con una cuarentena más estricta que la de Wanda Vázquez, llevábamos una bitácora donde anotábamos nuestra temperatura por las mañanas y por las tardes. Y puedo decir que no nos aburrimos. Ninguno de los dos imaginó visitar Texas nunca. Estando ya allí, nos entretuvimos como turistas tomando *tours* virtuales de la ciudad que desconocíamos por completo. Resultó ser más bonita e interesante que la mera imagen de vaqueros y bolas de paja rodando por terreno sediento.

En muchísimas ocasiones, y todavía al presente, pausamos para mirarnos a los ojos y comentar: *aún no puedo creer que llegamos a Texas*. Nuestra visita a Texas suena como algo incómodo o trágico, y lo fue, pero estamos claros de que fue un privilegio, una bendición. El *inception* de Texas en nuestro imaginario ocurrió en la primera cita que tuvimos con relación a todo este proceso, luego del diagnóstico. Fue en Auxilio Mutuo. El doctor nos describió un cuadro bastante alentador, al menos en cuanto al tratamiento. Solo había que remover. ¿Y cómo, dónde, con quién removíamos? Todavía lo veo girándose y prestando toda su atención al monitor de su computadora; accediendo a una página en la que resaltaron las cinco letras vaqueras y una de esas fotos de retrato en las que la persona mostrada tiene aspecto de Dios especialista en algo a nivel mundial. No sé cómo explicarlo, pero olía a dinero; ese olor a aire acondicionado de bóveda de banco que se impregna en los billetes perfectos sin ningún tipo de doblez o estrujón. Nos dijo que el mejor lugar al que podíamos acudir era ese, que allí fue que él hizo su residencia, que conoce a todo el equipo, que ese doctor es el que dirige el departamento y es el duro, que nos buscaría la información para sacar cita, que podemos empezar por hacer el *profile* en la página porque ellos manejan todo digital, que nadie en Puerto Rico está capacitado hacer el procedimiento con el mismo *expertise*...

Mi pecho se encogió. Quería volver a protegerme en posición fetal dentro de Mami. Me arropó ese friito salado que caracteriza la tristeza y la desesperanza. De algún modo extraño, tuve la certeza, el convencimiento, de que ese *Disney* no era accesible para nosotros. Que ya éramos privilegiados para poder pagar de nuestro bolsillo el *octreoscan* que, según nos explicaron, casi ningún plan médico cubre, que pocas personas tienen el poder económico para pagar y por consiguiente, reciben su tratamiento a ciegas confiados en la medicina Divina. Lamenté: era mejor no saber qué era lo mejor. Al final, en mi viudez, despertaría cada mañana con el mismo pensamiento que cerraría la noche anterior: *¿Qué hubiera pasado si hubiéramos podido hacer eso? ¿De qué otra forma pude haber luchado para alcanzarlo? ¿Hicimos todo lo posible?* No verbalicé nada de eso. Pero tampoco pude verbalizar mucha cosa positiva.

Marido hizo el *profile*. Llamó. Yo lo miraba con el friito alado y el corazón comprimido. Que el caso cualificaría, pero que por el coronavirus no estaban aceptando pacientes de Puerto Rico. Otra clasecita de relaciones políticas entre Estados Unidos y Puerto Rico. Que no, que no estaban aceptando pacientes que residan fuera del continente, entiéndase, que tengan que montarse en un avión o barco. ¿Incluyendo Hawái? Incluyendo Hawái. Ok... *Se va a morir*. Me dieron náuseas, originadas en ese desamparo asqueroso que siente quien no tiene acceso al privilegio de la vida y la salud. No verbalicé nada de eso. Pero tampoco pude verbalizar mucha cosa positiva.

A partir de ahí, sacamos cita con todo el profesional médico posible en Puerto Rico. Consultamos con todas las personas que se nos ocurrió consultar, incluyendo al Juez que tiene un médico corriendo por sus venas. Los finalistas fueron dos cirujanos: uno reconocido y otro recomendado. Recibidos los resultados del costosísimo *scan*, coordinamos cita con los dos para el viernes, 8 de mayo de 2020. Yo me quedé en casa con Noé Martín, esperando la videollamada. Pasaron los minutos, las horas, y la videollamada no se daba. Lo llamé. La primera de las dos citas ya había terminado. A mi "¿cómo te fue?" recibí llanto con un "mi amor, me fue mal". Ese primer doctor accedió a los resultados del *scan* con Martín, se los mostró, regañó a Marido por todavía estar en Puerto Rico, le explicó que aquí nadie podía realizar la cirugía que él necesitaba, le detalló en qué consistía incluyendo rajarle y espatarrarle el esternón, le señaló los nervios y venas que estaban en peligro, le informó sobre todos los riesgos que conllevaba empezando por la muerte, le enfatizó lo joven y prometedor que él era y por qué no debía dejarse morir.

Luego de explicarme todo eso como pudo, falto de aliento, me dijo: "pues, ya para eso, cancelo la segunda cita". Ya teníamos fecha de cirugía con ese segundo cirujano, quien se mostró dispuesto a operarlo "la semana que viene", a pesar de no haber visto el CD del *scan* que Marido al fin tenía consigo. Le dije que no cancelaría ninguna cita; que iba a llorar; iba a respirar; iba a llegar a la otra oficina médica; me iba a llamar tan pronto entrara y, una vez estuviéramos con el segundo doctor, yo en videollamada, lo confrontaríamos con lo que dijo el primero.

¿Qué respondió el segundo doctor? Otro regaño. "No pienses esto más; te tienes que operar; sabes de esto desde marzo y todavía sigues analizándolo". Nos contó que él pasó por algo parecido, que le dio largas al asunto hasta que al fin se operó. "Tienes que sacarte esa porquería de ahí porque si no te vas a morir". Silencio. Yo sabía que mi marido estaba llorando, y yo sin poder abrazarlo. Solo pude espetar un: "Hemos sido diligentes. Nos vinieron a dar los resultados del *scan* esta semana".

Marido salió de esa oficina directo al cementerio. Yo sospechaba que lo haría. Un día como ese viernes había fallecido su papá, y él, contrario a mí, mantenía ese ritual de visitarlo. Digo contrario a mí porque yo pienso que mi padre no está en la tumba; él vive regado por ahí por donde esparció sus innumerables semillas como buen agrónomo. Uno de nuestros ángeles llamado Ángel se enteró de dónde estaba mi esposito, y no vaciló en interceder. Conectó con nosotros por un medio que pocas veces había dejado ver: la fe. Solicitó a un Padre que hablara con Marido y comenzó un bello camino de la mano de un guía espiritual. Admito que he sido de esas católicas vagas desde el punto de vista del religioso o escéptica desde el punto de vista del intelectual o ambas desde el punto de vista de quien se considera ambos. Nunca consideré tener un guía espiritual. Conocí que eso se hacía cuando trabajé con el gobernador. Él tenía uno. Pues ahora nosotros también: Padre Marco.

Marido al fin llegó a casa. Noé le echó los brazos para que lo cogiera al hombro. Adultos a llorar. Finalizado el desagüe, Marido se fue al patio, a ese patio en el que justo antes de decidir irnos, sembramos las veintinueve palmas que Marido quería desde el día uno. Las sembramos pensando en abundancia y en todos los momentos de paz que nos esperaban allí camino a nuestra vejez. Padre Marco y Marido estuvieron hablando por largo rato, y gracias a él pude ver de nuevo la postura y la sonrisa, ambas perfectas, que me cautivaron en el Leopoldo. Vamos pa' encima.

El Juez nos motivó a intentar Texas de nuevo. Marido llamó y sí, habían flexibilizado el protocolo COVID-19; podían recibir pacientes extracontinentales siempre y cuando estuvieran en cuarentena. Gracias al *lockdown* tan estricto en el cual estábamos en ese momento, Marido cualificó sin problemas. "Casualmente", estábamos en el proceso de decidir si nos quedábamos con el mismo plan médico o realizábamos un cambio.

Confesión: la capacidad administrativa de mi Marido me excita de sobremanera. Quien me conoce lo sabe: soy una sapiosexual de cuatro pares. Ese hombre hizo cuanta llamada se le ocurrió. Tocó todas las puertas disponibles sin ningún tipo de timidez. Anotó sus preguntas. Anotó las respuestas. Calculó pa' lante, pa' trás, para él solo, para nosotros dos, para los tres. Corroboró con Texas que la selección evaluada fuera la mejor. Tramitó la documentación para las preautorizaciones, justificando por qué no podía operarse en Puerto Rico a pesar de que había doctores dispuestos a rajarle el esternón. En cuestión de días, teníamos todo aprobado. En cuestión de minutos, teníamos nuestros pasajes a Texas. El 18 de mayo de 2021, volamos en paz. Esquivamos los *zombies* infectados con coronavirus. Éramos *The Patriot*, pero en paz. Descansamos de martes a viernes en paz.

 Esa mañana del 22 de mayo de 2021, la vibra de ilusión estaba a flor de piel. Lo que sentíamos era dicha y esperanza por estar allí. Estaba convencida de que pronto todo terminaría y estaríamos de regreso a Puerto Rico sanos, felices y disfrutando la manifestación más pura de la vida en Noé Martín. Marido se fue a la cita guapísimo como siempre. Yo me quedé a la expectativa en el cuarto, apreciando por el enorme ventanal lo hermoso que estaba el día. Comencé a anotar las preguntas que tenía, hasta llenar una hoja de papel legal completa. Marido al fin llamó y ahí estaba él. Recostado de uno de los gabinetes con la postura relajada que caracteriza el jangueo. De inmediato, dejó sentir su carisma, su simpatía. ¿Cuál será su historia? ¿Cómo habrá llegado ahí? ¿Qué hará en su tiempo libre? Sin lugar a dudas, era un ser interesantísimo. Roto el témpano de hielo, nos compartió su impresión sobre los resultados de Martín. La forma en que hablaba inspiraba confianza en cualquiera. Nos contó que el día anterior había realizado con éxito una cirugía similar en circunstancias más graves, y no tenía dudas de que también tendría éxito con nosotros. Era increíble cómo nos estaba hablando de medicina en otro idioma y yo entendía todo. Primera bofetadita: los resultados eran más graves de lo que nos habían dicho. Alivio: seguía siendo una intervención más sencilla que la que estaba acostumbrado a hacer y seguía teniendo un buen pronóstico. Segunda bofetada: nos llamarían para decirnos cuándo sería la cirugía. Nos tomó por sorpresa porque partiendo de lo vivido en Puerto Rico, donde nos dijeron "te operamos la semana que viene", en este lugar especializado esperábamos un "te operamos mañana". Pues no. No había fecha aún. Pedimos estimado. Bofetada definitiva: como pronto, dentro de un mes. Se me desplomó la vida. Con el poco soplo que me quedaba, en mi no cotidiano inglés, le expliqué que era madre lactante y que mi bebé estaba en Puerto Rico. Alivio: ninguno. Nos explicó que, por la COVID-19, no estaban usando todas las salas de operaciones. Teníamos que esperar. Me concentré en agradecerle por atendernos, en mostrar fortaleza y alegría por el procedimiento en curso a favor de Marido, pero estaba temblando por dentro, por fuera, por el alma. Era toda temblor.

Quedarnos en Texas esperando para no exponernos al coronavirus con tanto viaje en avión, pero lejos de Noé Martín. Esperar en Puerto Rico, exponiéndonos al coronavirus y las cuarentenas, pero reduciendo los días y las noches lejos de nuestro bebé. Tener la alegría de estar juntos todos de nuevo antes de la operación. Pasar de nuevo por el suplicio de volver a despedirnos. Tetar, destetar, tetar... Envío de leche por correo o fórmula. Finanzas. El proceso decisional era todo un derrame cerebral. Pero teníamos que decidir. Y es en esos momentos difíciles que corroboro que sí hay una Fuerza Mayor que hace *big bang* desde lo que supongo que son los chakras y te susurra un estruendoso grito: "esto es lo que tienes que hacer, aunque te duela; todo está y va a estar bien".

Nos quedamos. Eric y Arleene nos adoptarían en su hogar en Salado, Texas, a tres horas de Houston. Empacamos de nuevo con espíritu de combate y nos fuimos a otro nuevo horizonte. Nos pintamos de azul la otra mitad de la cara. Sabiendo que estaríamos lejos de Noé Martín más tiempo que el esperado, batallaríamos con más fuerzas. No podíamos permitir que fuera en vano.

El 8 de mayo de 1998 fue un viernes. Ese día, mi padre murió. Ese día sufrí y lloré con cada célula de mi ser. Ese fin de semana era el fin de semana de las madres. El Día de Madres era el domingo 10 de mayo de 1998. Muchos decían que mi padre fue un gran hijo y que por eso murió el fin de semana de madres.

En 2020, el 8 de mayo fue viernes y el 10 de mayo fue domingo y Día de las Madres. Ese 8 de mayo, fui a mi cita con un cirujano cardiovascular, a quien llamamos "el reconocido", a buscar otra opinión. El tumor que yo tenía era un tumor que en términos de prognosis era muy bueno. Era lo que en su momento denominaron *low grade*. El plan era extraer el tumor. El reto era buscar un cirujano cardiovascular que me abriera el pecho, el esternón, y me sacara esa masa que estaba en el área cardiovascular, específicamente en el timo. Ya yo había ido a ver otro cirujano, a quien llamamos "el recomendado", y ese me había dicho que me podía operar en cualquier momento. Pero, algo en mí me decía que tenía que buscar otra opinión. Ya había escuchado a tres oncólogos distintos y los tres confirmaron que lo que procedía era remover el tumor.

Ese día, yo tenía dos citas: una opinión del cirujano cardiovascular reconocido y en la tarde tenía la segunda cita con el cirujano recomendado para programar la operación. Él decía que me podía operar rápido. Ese 8 de mayo me fui solo para no exponer a Noé a la COVID-19. Yo arranqué para el hospital. La cita era a las 10:00 a. m. Llegué al hospital. Llegué a la entrada. Estaba listo para combatir la COVID-19 con el protocolo, con mis mascarillas, mi *faceshield*, mi alcohol, mi *sanitizer*, todo. Ya no tenía tanto pánico porque había ido a varias citas médicas durante la pandemia desde marzo, pero siempre hay temor: el sentarte, quién se te va a acercar, el tocar las puertas, el abrirlas, echarte alcohol en las manos... era un estrés constante.

Me llamó uno de nuestros ángeles, el papá de Alfonso, porque se había enterado. Él es doctor. Yo le expliqué y me dijo: "Mira, eso es un tumor neuroendocrino que se resuelve operando así que, por lo que me has dicho, es una operación que debe fluir y no debe tu vida estar en riesgo. Son buenas noticias dentro de las malas noticias". Eso fue a minutos de que yo viera al doctor reconocido. Enganché. Esa llamada me dio mucha tranquilidad dentro de mi nerviosismo. Cada vez que uno ve a un doctor, uno no sabe qué te va a decir. Uno no sabe si va a confirmar el diagnóstico, si te va a dar esperanza o si te va a decir es que estás chava'o, que lo que te han dicho no es así, que la remoción no es tan fácil. Era un temor constante cuando uno entra a buscar segundas opiniones. Pero hay que hacerlo porque así es que uno entiende las distintas opiniones en la ciencia, los distintos puntos de vista, y uno toma una decisión informada.

En el *lobby* de esa oficina, no había nadie. Me sentía como si fuese a la entrevista de juez o una entrevista de trabajo, con papeles y un sobre en mis manos, pero en ese sobre lo que yo llevaba era mis estudios médicos. En las paredes, había muchos recortes de periódico que hablaban de ese cirujano y de todo lo que había hecho a través de operaciones de corazón abierto. Me recibió la recepcionista. Me dejó pasar. Había cubículos y oficinitas a ambos lados. No había más nadie. "Siéntate aquí que el doctor viene ahora", me dijo ella.

–Buenos días -me saludó el doctor, bastante seco-. Cuénteme: ¿a qué usted viene?

–Vengo porque tengo un tumor en el área del timo y vengo a buscar una opinión para ver qué usted piensa para removerme el tumor.

–Ah, pues dame el CD. -Me dejó solo. Él se movió al cuarto de al lado y a los dos minutos regresó. -Caballero, ¿usted vio este CD? ¿Usted vio este sonograma?

–Bueno... lo he visto.

–Venga para acá.

Él se acercó al monitor y yo me paré un poquito retirado. Con el dedo apuntando al monitor, me dijo: "Esta es la masa. Esa masa es bien grande. Esa masa no es fácil de remover. Esa masa cuesta removerla. Y está cerca de la aorta". Yo me quede frizado. No reaccionaba. Estaba como cuando me enteré de la muerte de mi papá. Fuimos al otro cubículo. Nos sentamos. "Tu masa está en el mediastino superior". Hizo una demostración en el cuerpo de dónde estaba la masa. Y empezó el discurso. Que me tenía que abrir; que me tenía que rajar el pecho; que era una operación dolorosa; que no había anestesia; que eso de epidural y esos mecanismos de bloque de dolor no se usaban en Puerto Rico; que yo podía hacerme una traqueotomía dependiendo de cuán complicada fuera la operación; que él podía abrirme pero a lo mejor no podía sacarme todo ese tumor; que ese tumor estaba en unas arterias y en la aorta y podía estar mucho tiempo ahí bastante pegado; que no me garantizaba que me pudiera sacar ese tumor; que yo podía tener problema en el nervio frénico que el tumor estaba tocando y podía perder mi capacidad respiratoria; que el diafragma se me podía afectar. En fin, que podía morir en la operación o podía quedar incapacitado en términos de mi capacidad respiratoria o motora; que me recomendaba que fuese a un especialista.

Yo le dije, pausadamente, estaba en *shock* como un robot, que estaba evaluando un hospital en Estados Unidos. Él me dijo: "yo usted me voy. Usted ha durado mucho tiempo en Puerto Rico. Usted se tiene que ir. Usted es un hombre joven, inteligente, habla muy bien. No se puede dejar morir". No sé... percibió que yo era un profesional. Yo no le dije quién era, qué hacía, mis estudios, ni nada de eso. Me expresé como soy yo y él percibió eso. Le pedí que me hiciera un referido. Me lo hizo. Le pregunté, por aquello de, cuándo me podía operar. Me dijo en una o dos semanas. Le pregunté por preguntar, porque ya yo sabía que no me iba a operar con él. No sé por qué le pregunté. Salí. Pagué el deducible y caminé lentamente... lentamente... A medida que me alejaba de la entrada, mi cuerpo perdía la postura erguida con que yo camino siempre y las primeras lágrimas comenzaron a salir por mis ojos. Poco a poco me daba más trabajo poder caminar. ¿Qué voy a hacer? ¡¿Qué voy a hacer?! ¡No sé qué hacer! Me sentía sin ánimo. Me sentía desamparado. Me sentía solo; que no tenía escapatoria. Estaba desorientado totalmente. Me monté rápido en el carro. Agarré el guía y empecé a llorar. *Yo creo que me voy a morir. Dios, no me quiero morir. Dame una oportunidad para vivir. No me quiero morir. Tengo todavía tanto que dar, tantos deseos*

de vivir, tantos deseos de amar, de querer, de hacer mis sueños realidad. Yo había tardado tanto en encontrar a la mujer perfecta. La encontré. Nos acabábamos de casar. Llevábamos solo dos años de matrimonio. *¿Cómo es posible? Noé tiene solo unos meses. ¿Cómo yo no voy a poder ver a mi hijo crecer, reír, decirme papá? No estoy preparado para morir. No puedo morir. No puedo rendirme. No puedo dejar de luchar.*
Llamé a Keila. Gracias a Dios, no contestó en ese primer intento. Estaba totalmente afectado, ahogado en llanto. Llamé a Marcos, mi primo, que trabajaba en la compañía de seguros con la que yo tenía mi plan médico en ese momento. Llorando, le expliqué.

—Calma, Martín, yo te voy a ayudar. Vamos a buscar esa autorización. Vamos a buscar que el plan médico tenga tu historial. ¿Tienes referido?

—Tengo el referido del doctor.

—Ese doctor es reconocido, Martín. Vas a ver que te vas a poder ir.

Keila me devolvió la llamada. Le expliqué y ella me respondió con una fortaleza enorme, a pesar de que yo sabía que al otro lado del teléfono estaba destruida también. Me dijo: "vas a ir a la otra cita, me vas a llamar desde el principio y vamos a hablar con el doctor sobre la operación que él tiene para ti a ver qué dice". Ahí arranqué hacia el otro cirujano un poco más calmado. Ya en el hospital donde el doctor tenía su oficina, me llamó uno de mis ángeles: el Juez.

—Ya tienes un referido, Martin. Vas a estar bien. Tú le vas a preguntar en qué consiste la operación, los riesgos, si van a ser negativos los márgenes, cómo va a ser el procedimiento, el riesgo de los nervios, de las arterias...

Y con la sabiduría del Juez de mi lado, entré a la cita.
—Dime. Ya tú habías venido aquí. ¿Qué vas a hacer? —me cuestionó el doctor.
—Doctor, acabo de ver al cirujano (reconocido) esta mañana.
—¿Y qué te dijo él?
—Pues que podía afectar el nervio frénico, que podía perder la capacidad respiratoria, que me podía quedar...
—Todo eso es verdad.
—Pero usted no me dijo eso.
—Yo te lo dije, pero no tan cruel como te lo pudo haber dicho él. Es así. Tienes que sacarte ese tumor. Llevas meses. La biopsia fue en marzo, estamos en mayo y tú no te has sacado ese tumor. Si no te sacas ese tumor, te vas a morir. Va a ser peor. Tienes un hijo. Tienes una esposa. Tienes que sacártelo.

Le dije que viera el CD. Lo vio y me dijo que la aorta no estaba tan afectada, pero que el nervio frénico sí estaba impactado. Yo, dentro de mi ignorancia, de mi adicción al ejercicio, le pregunté:
—¿No voy a poder hacer más ejercicio, más *crossfit*, correr?
—Bueno, vas a poder correr, pero te vas a cansar. Algo tienes que sacrificar y si es el nervio frénico, pues tienes que sacrificar el nervio frénico.

Wow. Ustedes dirán: "¿Pero a quién se le ocurre pensar si puede hacer ejercicio?". No sé. Siempre perfeccionista, lo pensé. Pero estoy brutal porque lo más importante era estar con vida, independientemente de lo que yo pudiera hacer. Lo que yo le pedía a Dios era estar con vida, era tener la energía para ver a mi hijo crecer y poder cumplir mis sueños. Pero le pregunté y no me siento culpable. Creo que le pregunté por cosas que me gustan; cómo se podía afectar mi vida en cosas que me hacen sentir bien.

El doctor me dio otro referido para Estados Unidos. Eso hizo que estuviera más calmado. Ahora el reto era conseguir que el plan médico me aprobara ir a Estados Unidos para conseguir mi cita con el cirujano. Salí de allí llorando, con un poco más de calma, pero llorando. Tenía miedo. Sentía el corazón palpitando a millón. Casi no podía caminar, pero a la misma vez estaba más calmado y veía que Dios estaba conmigo, que había una esperanza, que había algo en ese cielo que me estaba abriendo los caminos para yo poder encontrar ese cirujano o esa ciencia o esa especialidad que pudiera trabajar con este tumor. Es un tumor que le da a quinientos norteamericanos al año. No es un tumor común en Puerto Rico. No es un tumor que los cirujanos en Puerto Rico, que son extraordinarios, estén acostumbrados a trabajar, a remover. Ese era mi estrés. Esa era mi presión. Yo necesitaba buscar el mejor tratamiento, la mejor oportunidad, costara lo que me costara, para que la operación fuese un éxito.

Terminé visitando a mi viejo, un 8 de mayo, exactamente veintidós años desde su muerte. En su tumba, lloré. Lo recordé. Le hablé. Y sentí que desde el más allá me dio su bendición, me acarició el rostro, me besó el cachete como hacía y me dijo: "Vas a estar bien, hijo mío. Vas a estar bien". Sentí esa energía, como esa noche del 7 de mayo de 1998, la última noche que físicamente lo tuve justo a mi lado. *Vuelvo a sufrir como sufrí hace veinti-*

dós años. Pero ahora era un sufrimiento distinto, porque mi vida estaba en juego. Llegué a casa. Abrí la puerta. Vi a Noé intentando dar sus primeros pasos. Me sonreí con él y las lágrimas volvieron a salir como un río fuera de su cauce inundando mi rostro. Abracé a Keila por la cintura y lloré y lloré y lloré... como nunca había llorado hace veintidós años y como no había llorado desde el momento que me dijeron que tenía un tumor. Tenía que llegar el momento de llorar. De botar toda esa tristeza, todo ese temor de que mi vida estaba en peligro. Necesitaba ese golpe, esa bofetada, para que yo entendiera que esto era algo serio y que tenía que actuar.

Esa noche me acosté mirando las estrellas por la ventana de nuestro cuarto, como había hecho y haría muchas veces. *Dios, dame la oportunidad de vivir, de cumplir mis sueños, de gozar, de amar a mi esposa en vida y amar a mi hijo en vida, de verlo crecer y aportar a esta sociedad un hombre de bien a través de la crianza que yo quiero ejercer en él junto a Keila.* Me acosté más calmado. Había sometido los referidos unas horas antes, sentado en el comedor, mediante la aplicación del hospital. Era como cuando estás *bukeando* un vuelo para Disney o estás solicitando admisión a universidad, diciendo "Dios mío, que me acepten". Así yo quería que me aceptaran en el hospital una vez sometiera esos documentos de los referidos de los dos doctores y todo el historial médico. Esa noche me acosté con esa tranquilidad, con mucha fe, mirando por la ventana a ese cielo. Cada estrella era como una esperanza, como una luz que veía que iba a llegar.

Luego de ese fin de semana de madres, me calmé, me relajé y confié en Dios. Decidí creer que todo iba transcurrir bien. Mi esposa me dio mucho apoyo. Keila, con sus palabras de aliento y calma, fue una fortaleza enorme para mí. Entré a la página del hospital. Busqué nuevamente el nombre el cirujano que me había recomendado el oncólogo, el que era el duro de la materia. Entré viernes, entré sábado, entré domingo, entré el 11, el 12, el 13, entré varios días. Entraba por las noches. Entraba por las mañanas. Miraba la información del hospital. Miraba los servicios. Miraba el área de cirugía toráxica, que era el departamento al que pertenecía el especialista que me iba a atender, aunque todavía no tenía la cita, y buscaba la foto del doctor. Incluso lo busqué en Google para conocer un poquito más de él. Veía su rostro, y yo lo veía como si fuera un artista, alguien que estaba loco por conocer para que me salvara la vida. Yo entraba a la página del hospital con mucha ilusión, como si estuviese buscando ganarme el premio para un viaje a Disney u otra parte del mundo. Era como cuando uno es niño y está haciéndole la carta a Santa Clos o a los Reyes, y esa noche no puedes dormir. Pues así estaba yo. A veces, estaba horas navegando por aquella página y cuando encontraba algo de los servicios del hospital le comentaba a Keila, quien hacía ciertos gestos sin expresar mucho. Ella no quería ilusionarme con la posibilidad de irnos a Houston. Yo sabía que la realidad era que me tenía que someter a la cirugía lo antes posible pero siempre albergaba la ilusión de tener la oportunidad de que por lo menos me examinara el equipo médico de Houston para tener certeza de mi prognosis.

Todas las noches miraba por la ventana de nuestro cuarto. Observaba el cielo, las estrellas y le pedía a Dios que me diera la cita, que me consiguiera el mejor médico en la faz de la tierra que pudiera ayudarme a extraer el tumor con lo que se conoce como "márgenes negativos". Fueron unos días de un poco de ansiedad porque no sabía qué iba a pasar; no sabía en qué quedaría el asunto del plan médico, no sabía qué iba a pasar con las citas, no sabía qué iba a pasar con el pasaje, no sabía si el médico me iba a poder ver, no sabía cómo íbamos a trabajar lo de Noé. No sabía nada. Eran muchas preguntas que a veces me quitaban el apetito y aumentaban mi sed y ganas de dormir para no perturbarme tanto. Sin embargo, buscaba esa fuerza interna en mí como cuando uno aumenta de peso en un *squat* y grita al sentir el reto físico al momento de subir. Así sacaba lo mejor de mí para que ni esas preguntas ni la ansiedad me tumbaran el deseo de vivir, de buscar mejores oportunidades para una cirugía exitosa dentro del panorama que me habían explicado.

Estábamos en cuarentena por la COVID-19. Mi mamá no sabía al detalle todo esto que les estoy explicando. Sabía que tenía la masa, pero entendía que era algo rutinario porque yo le expliqué un poco sobre las características del tumor. Ella no estaba muy angustiada. No sabía que yo estaba haciendo las gestiones para irnos a Texas, con el apoyo de todos mis ángeles. Les digo y siempre les voy a decir que uno tiene que abrirse a buscar ayuda, uno tiene que crear ese ejército que lucha por ti, que te ayuda, que te da apoyo, que te busca ideas. Ese ejército era compuesto por mucha gente buena. Era un ejército de amistades y familiares. Pero, en ese momento inicial, solamente lo sabían mi primo Marcos, el Juez, nuestra Raiza, Iraida, su mamá, Alfonso y sus padres. Y todo obró. Ese ejército en la distancia, cada uno en su escenario y cada uno con sus llamadas, con sus mensajes de texto, se activó. Se activó para cuidar a Noé. Se activó para darme apoyo. Se activó para darme consejos y aliento técnico de cómo era la operación, qué tenía que preguntarle al cirujano, qué podía esperar, qué recursos había en Puerto Rico si no era posible irme a Estados Unidos, cómo trabajar lo del plan médico. ¡Era increíble lo que me daban cada momento, cada minuto! ¡Mi ejército era esperanza, una ilusión, un sueño!

Yo seguía mirando la página de Internet, el hospital y mi doctor, que no lo conocía; no sabía si iba a pasar, pero ya lo declaraba hecho. Me llamaron del plan médico entre lunes y martes de esa semana y me preguntaron que cuál era el nombre del doctor, para ellos trabajar la autorización, porque ya estaba autorizado el servicio. En el momento en que recibí la llamada, empecé a brincar como un nene chiquito desesperado y no sabía ni qué decirle a la persona que estaba al otro lado de la línea. "Mire, yo tengo aquí dos doctores que me han recomendado, que fueron los nombres que me informaron. Le voy a dar los nombres de los dos, pero ustedes determinan". Había una parte técnica: el plan médico decía que tenía que poner el nombre del doctor y yo pensaba que no había que ponerlo para darle flexibilidad y que ellos pudieran en Estados Unidos elegir qué doctor me iba a operar. Me preocupaba que, si lo restringían a un nombre de un doctor, me podía poner en riesgo de perder la aprobación si ese doctor no estaba disponible para atenderme. Así que le di el nombre de los dos doctores. Entonces, llamaba a Estados Unidos.

Preguntaba si ya les había llegado la carta. Me decían que no. Volvía y llamaba al plan médico. Me decían que tenía que esperar.

Llamé como cuatro o cinco veces, cada media hora, a Estados Unidos y al plan médico. Ese proceso de llamadas me tomó sobre seis horas en las cuales mi estómago se cerró y no permitía alimento alguno. Me dieron hasta carreritas para ir al baño. Me sentía bien tenso y cargado emocionalmente porque por un lado estaba a punto de llegar a la meta, pero por el otro sentía que me desviaban por otra ruta sin final. En ese proceso, empezamos a buscar precios del pasaje para Texas.

Me llamaron del hospital para informarme que recibieron la carta del plan médico. Me consiguieron cita con el cirujano, el jefe del departamento de cirugía toráxica, el que yo veía en las páginas de Internet desde aquel día en que el oncólogo me dijo: "este tipo es el duro y es el mejor cirujano que te puede atender". *No puede ser que me hayan conseguido cita con ese médico que yo miraba en las páginas de Internet como si fuera un artista de Hollywood, como si fuera una estrella del deporte, como si fuese alguien que yo hubiese admirado a través de toda mi vida y apenas conocía de él hacía un mes.* Miré al cielo y dije: *Gracias, Gracias, Gracias.*

Keila se convirtió en una arquitecta, en una emprendedora como es ella. Empezó a hacer el *to do list*: qué iba en la maleta, cuántas maletas íbamos a llevar, qué ropa, el equipo para protegernos de la COVID-19. Cuando llegamos al tema de Noé, la cosa se puso difícil. La miraba y la notaba afectada. Sus silencios eran cada vez más largos y sus expresiones faciales eran casi inexistentes.

Yo me cuestionaba si estábamos tomando la mejor decisión. ¿Cómo íbamos a dejar a nuestro bebé de ocho meses solo en Puerto Rico? No sabíamos cuánto tiempo íbamos a estar: si íbamos a estar una semana, dos semanas... y me lo preguntaba: *¿Estaré tomando la mejor decisión con Keila? ¿Estaré siendo egoísta poniéndome al frente para trabajar mi situación de salud y llevándomela a ella en medio de la COVID-19 para dejar a Noé, arriesgándonos a que ese contacto que ellos habían logrado de madre lactante se rompiera por ella ir detrás de mí para buscar una solución afuera?* Esto, cuando no sabíamos si íbamos a encontrar una solución porque lo que estábamos coordinando era una cita inicial de evaluación y no sabíamos qué iba a pasar, no sabíamos cuáles iban a ser los costos, no sabíamos si íbamos a poder económicamente.

La noche del 17 de mayo de 2021, preparamos nuestras maletas y nuestro *Kit de GI Joe* para poder entrar a la zona de combate en el aeropuerto Luis Muñoz Marín. Teníamos lo necesario y un poco más: *faceshield*, alcohol, *sanitizer*, guantes, mascarillas. Todo perfectamente ubicado. Hasta en los bolsillos llevábamos artículos para la batalla. Nos buscó a casa madrina Iraida, nuestra colorá de energía y de fuerza. Llegamos al aeropuerto. Allí nos despedimos de ella y entramos a la zona de guerra. La misión: cruzar el perímetro y llegar a la otra frontera. Keila me decía: "No te puedes sentar, no te puedes rascar los ojos, no te puedes rascar la nariz, no puedes hacer nada, no pongas las maletas en el piso, no toques esto, si vas al baño usa el codo para abrir las puertas, lávate las manos". Era un patrón de instrucciones, pero me relajé. No tenía otra opción. Tenía que obedecerla; ella era la líder. *Ella* se ha sacrificado por mí. Así que usted se calla y obedece todo lo que ella te diga y si tienes que bailar en una pierna, y caminar en una pierna para entrar al avión tienes que hacerlo. Tú te callas. Hacía todo lo que ella me decía. Nos sentamos en el avión con la dicha de que este no iba muy lleno. Estábamos en la fila de asientos ella y yo solos. Viajamos acurrucados uno al lado del otro, mirando por esa ventana al cielo y soñando con lo que nos esperaba en Houston, Texas. Sinceramente, me sentía con mucha esperanza de obtener una opinión médica que me aclarara tantas dudas, pero sobre todo que me diera seguridad en cuanto al tratamiento adecuado para mi tumor.

Llegamos al aeropuerto de Houston para encontrarnos con nuestro ángel que nos esperaba en el proceso: con Eric, el primo de Keila. Pero antes hicimos una parada en el baño pues, por temor al enemigo, no nos atrevimos a pararnos del asiento durante las cuatro horas que duró el vuelo. Houston era en ese momento la ciudad con más casos de COVID-19 junto a California y New York. No era fácil. Estábamos locos. Era un riesgo. Parecía que no había COVID-19 porque todo el mundo estaba por ahí al garete, sin mascarilla, mucho bullicio, gente por todos lados. Nosotros nos mantuvimos centrados, limpiecitos, tomando las precauciones. Gracias a Dios, Eric nos fue a buscar al aeropuerto. Llegamos al hotel que está en el hospital. Allí nos sentíamos tranquilos. El hotel tenía un protocolo bastante estricto en términos de la limpieza e higiene, porque es el hotel del hospital y allí solo se quedan pacientes de ese hospital, quienes por su vulnerabilidad son pacientes de alto riesgo. El Juez fue quien nos recomendó quedarnos allí.

Lo primero que pedimos fue pizza de *Pizza Hut*. Nos dimos un baño. Dejamos la ropa en el piso para poder entrar al cuarto. Empezamos con nuestro protocolo de dejar las cosas en la entrada. Empezó una combinación de sentimientos. Estábamos solos. Estábamos en un lugar cómodo. Estábamos unidos. Eso era lo más importante: ella y yo estábamos unidos en una lucha común, con un esfuerzo común, aunque nuestro bebé estaba en la distancia. Y créanme que esa noche dormimos, bueno, yo siempre duermo mucho con Noé y cuando cojo los *nap* los cojo con él en el pecho. Keila es la que menos ha dormido desde que dio a luz. Esa noche ella durmió como nunca antes desde que es mamá y al otro día nos levantamos como a las diez u once de la mañana. Claro, ella se levantaba periódicamente a extraerse leche, pero descansó. Era irreal: estábamos durmiendo. Todos los días nos hacíamos nuestro café dentro del cuarto. Nos sentábamos a hablar de los sueños, de la vida, de lo que queríamos al otro día, de qué iba a pasar una vez yo me recuperara, de cada una de las metas que teníamos como pareja, como padre y madre. Aunque había tratado la mayor parte del tiempo de manejar mis emociones para no agobiarme y no sentirme en constante sufrimiento, tengo que decirles que en esos primeros días en Houston me sentí con la mayor esperanza de tener salud que en todos los meses previos. Eso en gran medida se debía a la sonrisa, miradas, hasta la forma de hablar que percibía de mi Keila. Ella estaba un poco más tranquila, lo cual noté hasta en su disfrute de la gastronomía.

Me llamaron por la tarde para notificarme que me tocaba la prueba de la COVID-19. Nos fuimos los dos en

Uber. Era mi primera prueba de COVID-19. Cuando me echaron la frente hacia atrás y entraron ese *Q-tip* como de doce pulgadas, eso me llegó al cerebro. Lo sentí. Me empezaron a bajar las lágrimas de molestia y de alergia. Me paré de la silla y casi me caigo del mareo. Esa fue la primera de varias veces que me hicieron la prueba. Ya la nariz está inmune a los *Q-tips* de doce pulgadas. De ahí, regresamos al hotel, caminamos, nos sentamos en el *lobby*, nos dimos un café, un té, e identificamos el jardín exterior. A partir de ese momento, ese jardín se convirtió en el lugar de meditar, en el lugar de hablar, en el lugar de concentrarnos, en el lugar de soñar al aire libre y de tomar nuestro tiempo en momentos de estrés. Ese espacio era refugio para orar, para rezar, para meditar, para todo. Se convirtió en un centro de energía para nosotros. Era un jardín externo que estaba entre el hotel y el hospital con sus banquitos, con unas pérgolas, con matas, con una fuente. Era un lugar de mucha relajación y mucha paz.

Fueron unos días espectaculares en los que nos reencontramos como pareja. Hicimos hasta *laundry* en el *lobby*. Nos ejercitamos juntos dentro de la habitación. Yo le enseñé una que otra rutina a Keila. Por la COVID-19, no fuimos al gimnasio del hotel. Ella me enseñó rutinas de yoga. Fue una experiencia hermosa, de crecimiento, relajación y *pampering*. En definitiva, el amor y el contacto físico nos recargó las energías. Fue como un *honey moon*. Hablábamos con Noé todos los días por videollamada. Lo veíamos y confirmábamos que habíamos tomado la decisión correcta para yo vivir y para luchar juntos por Noé.

Y llegó el día. Llegó el viernes, 22 de mayo de 2020. Yo estaba culeco. No pude pegar un ojo en toda la noche. Me pasé moviéndome de lo nervioso que estaba. Me levanté. Estaba a la expectativa. Iba a conocer a este doctor que yo solamente había visto por Internet, que me habían recomendado y que tenía una carta de autorización que me decía que él me iba a atender.

Salí temprano de la cama, me puse mi ropa, me tiré la tela: un mahón, una camisita de manga larga. Iba de *show*, como si fuera para una comida. Cogí ese ascensor, crucé los pasillos del hotel, crucé la avenida, porque no entendí las instrucciones de Keila de cómo cruzar el puente que une al hotel con el hospital. Iba caminando un poco desesperado como cuando están a punto de cerrarle el banco para ir a hacer una gestión. Me perdí. Di la vuelta. Veía la entrada a distancia, pero no tenía sentido de dirección y ya me estaba desesperando. *Llegaré tarde a la cita*. Estuve como diez minutos caminando. Al final del día, cogí la ruta larga, crucé la avenida, llegué al *lobby*, allí mantuve mi mascarilla, entré, me hicieron las preguntas de protocolo sobre la COVID-19 y que serían las mismas que me repetirían a lo largo de las próximas semanas que seguí yendo al hospital.

Vi un sitio organizado con un personal servicial. Seguí las flechas hacia el ascensor en el área D. Subí. Llegué al departamento de cirugía torácica. Fui al *front desk*. Era un *front desk* lo más bonito. Una sala de espera amplia. Vi varios pacientes de diferentes razas étnicas. Y allí me senté a esperar. Después, salió una enfermera asiática, Susana: *"Mr. Orta? Come here"*. Me tomaron los vitales, el peso. Todo salió superbién. *"Stay here. The doc-*

tor will come soon. Do you need a translator?". Yo dije que sí porque no sabía si iba a entender los términos médicos en inglés con tanto nerviosismo.

Y ahí llega este otro caballero. *¡Ay, sí, este es el mismo del Internet! ¡Está en persona!* Se sentó. "*How are you doing?*", y me empezó a hablar, a socializar. Me preguntó quién yo era, si tenía hijos, si tenía esposa. Conecté a Keila y todo fluyó en inglés. Entendí todo a la perfección. El traductor dijo: "esto debe ser un error; yo no tengo que estar aquí". El doctor fue el tipo más *cool*. Un tipo *down to earth*. Tuvimos una conversación social.

–Vi el tumor que tienes y es un tumor que te lo puedo sacar –me relajé. Se me aflojaron las piernas. Creo que si estaba blanco volví a mi color negro.

–¿En serio?

–Sí. Yo he sacado tumores más grandes que ese que tú tienes ahí. Hago esto todos los días de mi vida.

–¿De verdad? ¿Y la aorta?

–Eso está en control. No está pegado a la aorta.

–¿Y el nervio frénico?

–Está impactando el nervio frénico, pero yo he trabajado otras veces y salvo el nervio frénico en muchas ocasiones. No creo que tú seas la excepción. Tu tumor es operable. Yo te lo voy a remover y tú vas a estar bien.

El cirujano me explicó todos los detalles y me dijo: "te veo pronto". Keila hizo varias preguntas, entre estas, cuándo yo iba a poder tener actividad sexual. Él se rio y contestó: "bueno, yo voy a operar del pecho hacia arriba; sobre lo que pase del pecho hacia abajo, yo no soy responsable". Lo único que nos preocupó es que nos dijo que no sabía cuándo iba a ser la operación. Pero yo sabía que iba a salir todo bien. Me quedé con la enfermera y ella me explicó el procedimiento; cómo iba a ser la operación. Me dio un peluche para que yo lo apretara porque era el peluche que se utilizaba para cuando uno tose y le duele el pecho. Ahí entendí que lo que me había dicho el Juez del dolor al momento de toser lo iba a poder solucionar con mi nuevo amigo. Caminé por los pasillos de ese hospital como si estuviese trabajando en el Capitolio. Cada paso lo daba con más fuerza, con los hombros bien erguidos, con una adrenalina de haber corrido unas cuantas millas y sobre todo con la fe de continuar viviendo para cumplir lo que sueñe cada noche. Salí del hospital con mucha esperanza y con la gratificación de que todo iba encaminado. Me dieron la noticia de la vida. Me sentí en confianza. Me sentí con seguridad. Sentí que estaba en las mejores manos. No podía creer que ese médico que me había recomendado hace dos o tres meses el oncólogo, que yo veía todos los días en mi computadora y en mi iPad, que se había convertido en la estrella, en mi ídolo, estuvo frente a mí. Lo que me faltaba era pedirle el autógrafo. Llegamos al hotel y nos pagamos una cena exquisita. Estábamos listos para seguir viviendo y luchando por mi salud.

III

17 de mayo de 2020

Entiendo la utilidad de la ira. Entiendo la utilidad del miedo, de la alegría. Pero no acabo de entender la utilidad de la tristeza. ¡¡Para qué rayete me sirve esta tristeza!?
   Esa fue mi descarga espontánea en el primer *webinar* de mi mejor amiga, Wanda. Se titulaba "El arte de balancearte" y tenía como propósito explicar las emociones primarias, su función, sus componentes, sus bases biológicas y cómo gestionarlas. Mi mejor amiga estaba recién divorciada, en proceso de terminar su doctorado en psicología y construyendo lo que sería y es desde siempre su práctica integrando psicología con todo lo que trae consigo el yoga. Yo, su primera y eterna paciente, me inscribí en el *webinar* de forma automática, como muestra de apoyo a mi amiga en su emprendimiento, como evaluadora del *webinar* para poder darle mi impresión al final y, sin saberlo, como

parte de mi proceso de sanación y preparación. No tenía idea de cuánto necesitaba participar de ese taller, ni de cuán ignorante era sobre el tema.

La primera vez que presté atención al término "inteligencia emocional" fue en mi bachillerato durante una clase de periodismo. Recuerdo que me pareció tremenda pérdida de tiempo, como cuando te ponían en la escuela a dibujar tu autorretrato reflejando cómo te sentías en el momento, para luego unirlo a una carpeta sin ningún tipo de seguimiento ulterior. Ajá... Inteligencia emocional: que no te dejes llevar por las emociones. Y así viví sin saberlo tres décadas de mi vida, entendiendo que lo correcto era seguir funcionando a pesar de la emoción, no dejarte dominar por ella, o sea, en buen español, reprimir. A fuerza de cantazos, en estos últimos dos años comencé a desaprender y, como dicen las personas despiertas, a recordar.

¿Cómo uno puede ser compasivo y empático con las emociones de les demás si vivimos en una sociedad en la cual se nos inculca reprimir las propias? *No llores. Todo va a estar bien. Todo tiene una razón de ser. La vida es bella, no la desperdicies estando triste. La felicidad es una decisión. ¿Acaso tienes problemas de manejo de coraje? No seas pasivo-agresivo.* Aseveración tras aseveración, invalidando el sentir. Para mí fue revelador tomar un taller de primeros auxilios para la salud mental: esas cosas NO SE DICEN, bajo ninguna circunstancia, a una persona que está pasando por alguna dificultad de salud mental, como la depresión o la ansiedad. (Aquí cumplo mi deber de hacer el paréntesis para diseminar la semilla del conocimiento: incluso, eso de que si le preguntas a la persona si está pensando suicidarse entonces se lo estás sugiriendo también es falso; lo correcto es preguntarle de manera directa y sin juicio si tiene ideas suicidas, si ha pensado ya un plan sobre cómo hacerlo, escuchar sin juzgar, dar información con respeto, estimular el uso de ayuda profesional adecuada y sugerir estrategias de autoayuda y de apoyo). Fue hace poco que aprendí sobre la importancia de validar en contraste con lo perjudicial de la invalidación. Lo entendí explicado y aplicado hacia mí y desde mí.

Entonces, ¿cómo es posible que, además del germen machista que no sabía que me carcomía, también habitaba en mí una estigmatizadora en cuanto a asuntos de salud mental? Yo, que trato de leer y estudiar todo lo posible; que trato de tener el estándar de valores y moral más alto -e imparcial- posible, estaba de nuevo acabando de aprender principios tan importantes de supervivencia y convivencia social. Ya comenté que desde mi estrado he podido ver la crisis de salud mental que vive nuestro país. Adiestrándome para atender la sala de salud mental, se tornó aún más perceptible esta emergencia social. El juez al que sustituí por razón de su retiro me lo comentó: "el problema es que esta población -contrario a la población de educación especial, la población de las mujeres, la comunidad LGBTT- no tiene una portavocía fuerte; es en cierto modo invisible". Y es invisible porque, en nuestra sociedad, los asuntos de salud mental son un tabú. Ir a terapia es visto como cosa de locos, en lugar de considerarse un medio para lograr el desarrollo óptimo de la personalidad y prevenir, en lugar de tratar de atender, lo que nunca debió llegar a punto de ebullición. Más sencillo aún, la introspección cruda y honesta no es fomentada; diría que es hasta evadida. Porque de la misma forma que nos enseñan que lo correcto es reprimir nuestras emociones, también nos ocultan que somos tanto luz como oscuridad, que la oscuridad también reside en nuestro interior y que es parte de nuestra dignidad como seres humanos. Encima, el que una persona admita que no solo es luz sino también oscuridad no significa que esté dispuesta a darle presencia, a indagar, a conocer ese lado "oscuro". A mí me costó hacerlo. Estaba triste. Los brazos y la frente me pesaban. Era imposible pararme o sentarme derecha. Me entregué a mi oscuridad más profunda estando en el lugar más hermoso que he construido.

Nuestra casa todavía me olía a nuevo cuando ya fue hora de ir preparando el cuarto de nuestro bebé. ¡Pensamos cada detalle con tanto amor e ilusión! Ya dije que no queríamos cuna; no queríamos barrotes. Nuestros amigos, Coral y José Julián, nos aconsejaron muchísimo sobre qué era útil y qué no para un bebé. Lo primero que descartaron fue la cuna y nos invitaron a *gugulear* cuartos Montessori. Al principio, nos pareció ilogiquísimo. Luego, quedamos maravillados. Le mandamos a hacer una cama Montessori (esas que tienen forma de casita) tamaño *twin* para que nosotros cupiéramos en ella, reconociendo que seguro dormiríamos muchas noches con Bebé. Le pusimos un mosquitero gris colgando del techo y cayendo por donde la cama se une con la pared. Cónsono con el método Montessori, conseguimos en *Ikea* el percherito del cual Bebé escogería su ropa, los libreros para su rincón de lectura y una estantería en forma de casita para sus materiales (no juguetes; materiales). Encargamos por *Amazon* uno de esos bancos que usan los europeos para quitarse y acomodar los zapatos al llegar, pensando en tener un lugar donde pudiéramos sentarnos a vestirlo cuando la edad se dejara sentir en nuestras espaldas. De paso, podíamos usarlo también como estantería. Escogimos todos estos muebles de color madera natural. Nos propusimos decorar el cuarto de la manera más sencilla y neutral posible. Perspectiva de género. Colocamos algunos cuadros con colores claros. Uno de ellos dice: *"Be so awesome that people think you're a myth"*. Pegamos en el techo y en la pared esas estrellas que brillan en la oscuridad. Bebé podría mirar una galaxia desde su almohada. Compramos un cojín en forma de nube. Una compañera de trabajo de Marido y una mía nos regalaron dos nubecitas más. Esos tres cojines sencillos y celestiales quedaron perfectos con la ropa de cama color gris. Dos o tres detallitos más, y logramos una habitación con mucha luz natural, mucha claridad y toda la paz posible.

Allí estaba yo jugando con Noé cuando me llamó Alfonso el 8 de mayo de 2020, siendo de nuevo viernes. Tan pronto les pusimos al tanto del diagnóstico, Alfonso, los papás de Alfonso (su madre es pediatra de Noé y su padre es mi médico de cabecera, porque así de perfecto es el universo), Raiza, el Juez, Ángel, Iraida... activaron una maquinaria de gestiones numerosísimas que yo no era capaz de asimilar y, por consiguiente, hoy no soy capaz de detallar. Pero sé que las hicieron. Alfonso me estaba explicando los resultados de sus consultas sobre la condición, la cobertura de los planes médicos y los lugares de tratamiento. Yo solo confiaba en la protección de su criterio. Siempre se ha caracterizado por sus decisiones correctas y sabias. Luego de darme la buena noticia de que podremos ir a recibir el mejor tratamiento médico en Texas, buena noticia con la cual me alegré y a la misma vez me angustié por la distancia, me dijo: "Raiza y yo hablamos sobre el asunto y Raiza dice que Noé se queda con nosotros; que nos lo traemos al apartamento y que ella se asegurará de que él se divierta y aprenda mucho". Empecé a chorrear lágrimas. Se lo agradecí con toda la conmoción del mundo. Recomendó que nos fuéramos la semana siguiente si era posible. Empecé a temblar. Al fin enganchamos, supongo que por otra decisión sabia de él fundamentada en lo bien que me conoce, y me desplomé. Sentada en el piso, recostada de la pared, en ese cuarto tan hermoso, comencé a llorar de la manera más desgarradora que he llorado en toda mi vida. Una forma de llorar desconocida para mí. Estaba ahogada de lágrimas por dentro; me iban a estallar los poros de la piel, comenzaría a disparar chorros de lágrimas a toda presión por cada uno de ellos; algo me arrancaba con sus puños pedazos de piel, de carne, de mi pecho, donde está mi corazón y donde está la fuente de alimento de mi bebé. Mi oro líquido color blanco se evaporaba, después de tanto esfuerzo. Arrancaban a Noé de mis brazos para llevárselo lejos sin vuelta atrás. Estaba feliz por Marido, porque recibiría el mejor tratamiento disponible, pero estaba destruida con la idea de separarme de Noé Martín. A eso, súmesele el cargo de consciencia por sentir esa destrucción. Me volví pesada, pesadísima. Lloraba como animal agonizando. Quería penetrar el piso, penetrar la tierra y desintegrarme en el magma. Noé dejó de jugar, me observó en silencio por unos segundos y gateó buscando mis brazos. Entonces, más lloré. *¿Cómo voy a dejar a mi bebé? ¿Por qué me está pasando esto? ¿Qué hará él sin su tetita? ¡Va a pensar que lo abandoné! ¡Sufrirá! ¡Sufriré! Sufro.*

Al día siguiente, sábado 9 de mayo de 2020, tomaría el *webinar* de Wanda, medicina sagrada que logró centrarme un poco. Domingo, mi primer Día de Madres con Noé fuera de mi barriga. Fue un día bellísimo. Marido y Noé me sorprendieron con unos regalos hermosos: cositas para hacer yoga y prendas artesanales de las que me encantan. Más de la mitad de estos tesoros se perdieron en nuestro regreso a Puerto Rico desde Texas y todavía los sufro. Marido me hizo un video con Noé en el que eternizó el mensaje más bello del mundo; un mensaje de agradecimiento, de ánimo de combate y de anticipada celebración segura de victoria. Debido a la cuarentena, celebramos cada familia desde su hogar. Tratamos de esperar a lo más tarde posible para llamar a Sheila. Sabíamos que los domingos son los días en que ella y José comparten con calma en su hogar, y les esperaba una conversación bastante larga. Decidimos dar el paso antes de que cayera el sol. La llamamos por videollamada y ahí nos contestó ella bien feliz, metida en su piscina. Intuitiva como es, se salió, se fue a un lugar lejos de las nenas y escuchó con toda su calma, con toda su fuerza. Sé que parte de las últimas palabras que Papi le expresó antes de morir fue "sé fuerte". Es Atenea. Me sorprendió cómo, a solo minutos de comenzar el proceso de digestión de la noticia, manifestó toda la determinación que reside en ella y nos indicó con autoridad que Noé no iba a quedarse en ningún otro lugar, con nadie; que él se iba a quedar con ella y que se iba a quedar con ella en Aibonito; no aquí en nuestra casa, porque así sería más fácil para todos; que estuviera confiada en que ellos tenían un protocolo estricto anticoronavirus cada vez que llegaban del supermercado que poseen; en fin, que contamos con ellos. Noé ya no me pertenecía; nunca me perteneció. Comunicado todo lo que había que comunicar, le colgamos para que la digestión se perfeccionara.

El lunes, 11 de mayo de 2020, le tocó el trago amargo a Mami. Se echó a llorar. Me prometí no dejarme afectar más de lo necesario. Me permití decirle con todo amor y sinceridad que yo no estaba disponible para consolarla, que iba a dar por terminada la conversación para que ella asimilara la noticia y hablábamos después. Llamé a Danny, le expliqué. Reaccionó con su temple característico, con su silencio de estar sentado dándose una halada de cigarrillo y piernas sacudiéndose con toda velocidad. Avisé a Sheila que Mami estaba enterada y allá fue ella a poner en acción su magia alegre.

Entre papeleo y llamadas, compramos los pasajes para el próximo lunes. Comenzamos la preparación de maletas, en especial las de Noé. Me permití llorar y llorar. Dejar salir la tristeza es más manejable que reprimirla, como hacía antes. Solo necesitaba cerrar un segundo los ojos y las lágrimas comenzaban a bajar, pero ya más calmada. *¿Aprenderá a decir mamá lejos de mí? ¿Cuántos milestones me perderé? ¿Lo estimularán?*

Cualquiera diría que el niño me leyó el corazón. Faltando solo cinco días para nuestra separación, dio sus primeros pasos. Entonces, lloré. Lo interpreté como su señal de que estaba de acuerdo con el plan, que estábamos haciendo lo correcto, que él también daría su batalla y que estaría bien. Verlo así me ayudó a pensar que, si él ya tuviera poder decisional sobre este asunto, estaría de acuerdo con que yo me fuera a luchar por la vida de su padre y que, por su parte, él también estaría dispuesto a hacer cualquier sacrificio con tal de que estuviéramos de nuevo juntos los tres saludables y por siempre.

Llegado el día de la entrega "del paquete" a los Rodríguez Díaz, 17 de mayo de 2020, reinó la calma. Era un día soleado. Camino a la residencia de los Rodríguez Díaz, hicimos una parada: fuimos a la parroquia donde nos esperaba Padre Marco para regalarnos el sacramento de la Unción de los Enfermos. Nunca lo había atestiguado. Suponía que ese sacramento era visitar gente enferma y ya. Pues no. En esa parroquia inmensa y vacía debido a la cuarentena, con esa brisita fresca llena de paz que caracteriza estos lugares, el Padre Marco nos entrevistó por separado ofreciéndonos su consuelo y consejo. Juntos los tres, estando Noé Martín con nosotros, procedió. Es la ceremonia más poderosa que he sentido. Había escuchado parte de la Palabra que se recita, pero no tenía idea de que *es* lo que se lee en ese hermoso ritual.

Evangelio según San Mateo 8, 5-11.

Al entrar en Cafarnaún, se le acercó un centurión, rogándole: "Señor, mi sirviente está en casa enfermo de parálisis y sufre terriblemente". Jesús le dijo: "Yo mismo iré a curarlo". Pero el centurión respondió: "Señor, no soy digno de que entres en mi casa; pero una palabra tuya bastará para curarle". Porque cuando yo, que no soy más que un oficial subalterno, digo a uno de los soldados que están a mis órdenes: 'Ve', él va, y a otro: 'Ven', él viene; y cuando digo a mi sirviente: 'Tienes que hacer esto', él lo hace".

Al oírlo, Jesús quedó admirado y dijo a los que lo seguían: "os aseguro que no he encontrado a nadie en Israel que tenga tanta fe. Por eso os digo que muchos vendrán de Oriente y de Occidente, y se sentarán a la mesa con Abraham, Isaac y Jacob, en el Reino de los Cielos; mientras que los hijos del Reino serán echados a las tinieblas de fuera; allí será el llanto y el rechinar de dientes. Y dijo Jesús al centurión: "Anda; que te suceda como has creído". Y en aquella hora sanó el criado. Al llegar Jesús a casa de Pedro, vio a la suegra de éste en cama, con fiebre. Le tocó la mano y la fiebre la dejó; y se levantó y se puso a servirle. Al atardecer, le trajeron muchos endemoniados; él expulsó a los espíritus con una palabra, y curó a todos los enfermos, para que se cumpliera el oráculo del profeta Isaías: Él tomó nuestras flaquezas y cargó con nuestras enfermedades.

De la misma forma en que el lector puede haberse sorprendido por encontrarse leyendo la Biblia de sopetón, así me sorprendí y sobrecogí al ser parte de ese ritual cuyo poder despertó cada célula mía. Padre Marco habló partiendo de la premisa de que mi José Martín estaba sano. Lo creí y lo creo. La ansiedad característica que precede un viaje, un viaje que conlleva la separación de tu bebé y que tiene propósito la atención de un mal de salud, desapareció.

Llegamos bendecidos a casa de Sheila. Compartimos un ratito. Le di la última teta a Noé recitándole su cuento favorito, explicándole lo que estaba sucediendo sin aniñarle mi voz; dándole las gracias. Noé se metió en la piscina con las nenas y con su madrina; y sin drama, lo dejamos feliz, pero claro. No recuerdo bien el camino de regreso a casa. Sé que mantuvimos la calma. Sé que dormimos bien. Al día siguiente, llegó nuestra conductora favorita, la madrina de bodas más multifacética del mundo, y nos llevó al aeropuerto. No tuvimos contratiempo alguno. Mi primo Eric nos recogió y nos llevó al hotel que se comunicaba por puentes de pasillo con el hospital, según recomendado por el Juez. La batalla comenzaba de forma armoniosa.

    La tristeza te ayuda a reservar energías para enfrentar un proceso fuerte y, sobre todo, te mueve a pedir ayuda. Eso me contestó Wanda y tuvo toda la razón.

El 10 de mayo de 2020 era nuestro primer Día de las Madres juntos como familia, con Noé. Tuve días intensos luego de ese 8 de mayo, en que recibí mi alerta de salud. Lloré demasiado; el estrés rompió los parámetros hasta el momento conocidos. Imperó el desasosiego, la desesperanza. Aun así, la fe y la alegría se hicieron hueco para permitirnos disfrutar de aquel día. Quería que aquel día fuese especial para Keila. Quería celebrarlo en grande junto a nuestro hijo. Me sucedió casi lo mismo que en el 1998 cuando falleció mi padre en un fin de semana de madres. Aunque estaba viviendo el dolor más profundo ante su partida, quería que mi madre tuviese un día especial junto a mí. Así que me mentalicé para sentir un poco de calma emocional dentro de la realidad que estaba viviendo para que mi Keila disfrutara de su primer Día de Madres. Y así fue: la pasamos espectacular. Reconocimos la calma y dimos forma a una nueva visión. Pensé que, a pesar de haber llorado tanto esas últimas cuarenta y ocho horas, íbamos por buen camino. Nos aguardaba la ruta de la sanación, la luz al final del túnel. De eso no tenía duda.

Pusimos lo mejor de nosotros para hacer ese día diferente y, en definitiva, así fue. La pasamos bien, pero teníamos una preocupación latente: qué iba a pasar con nuestro retoño que posiblemente no iba a viajar a Texas. Noé era nuestro norte y debíamos hacer todo lo posible para protegerlo, para que estuviera a salvo, para que gozara a plenitud del comienzo de su vida. Esa próxima semana fue una de altas y bajas a nivel emocional. Ya al fin teníamos el cuadro claro de que íbamos para Texas: que nos iban a recibir, que iba a conocer mi artista favorito, mi deportista que veía todas las noches en mi tableta en el hospital: el cirujano. Teníamos los pasajes. Planificamos que Noé se iba a quedar con su madrina y padrino, según lo hablamos con ellos el Día de las Madres. Sin embargo, seguía la angustia; esa lucha de cómo íbamos a hacer las cosas y si estábamos haciendo lo correcto. Era una mezcla de felicidad e incertidumbre. Algo casi imposible de plasmar en papel. Creo que no hay adjetivo preciso que recopile o describa mi sentir durante esos días. Keila estaba abrumada. Su tono de voz no tenía la chispa que la caracteriza. Ella estaba usando las reservas de sus energías para comunicarle a su familia nuestra crisis, para dar la lucha interna sobre el futuro de Noé durante nuestra ausencia física, y, si no fuera poco, ser mi hombro consolador.

Junto a las decisiones y el plan, llegó el momento de explicar a mis seres querides y cercanes lo que estaba pasando. Me preparé para decir lo mismo una y otra vez sin que se afectaran mis sentimientos. Valga resaltar que, para ese momento, no lo sabía nadie. Empecé poco a poco con el grupo de amistades. Luego con Sheila, José, mi suegra, mi cuñado Danny. Mi mamá se enteró por error que, en mis exámenes, había salido una masa en el pecho porque por alguna razón el laboratorio llamó allá para decir que ya habían recibido mis resultados. No sé por qué. Trampa del destino o, tal vez, una ayudita porque sabía que necesitaba salir pronto del rol de portavoz de malas noticias. Al parecer, tenían en el récord el número de Mami porque yo había ido a ese laboratorio antes, cuando vivía con ella. Mami me preguntó ansiosa qué yo tenía en el pecho. Yo le expliqué que tenía una masa, y aunque estuvo angustiada todos esos meses, siempre la historia que estuvo en su mente hasta después del momento de la operación fue que era una masa en el pecho y que había que sacarla, como si fuera una operación de rutina. Ella no sabía el detalle de las consecuencias de la cirugía que me habían dicho los cirujanos hace unos días. Yo no iba a entrar en eso, porque no la quería angustiar más. A fin de cuentas, sabía que todo estaría bien.

También me tocó decirle que mi operación iba a ser en Texas y que me trataría allá. Esta cuestión de decirle a tu mamá que te vas, aunque seas adulto, siempre es complicada. Ella reaccionó como cuando tú estás en la universidad y te quieres ir a estudiar afuera o te quieres ir a un internado o te quieres ir a Europa o te quieres ir a aventurar. "Pero, ¿por qué? ¿Por qué no lo haces aquí?". Reaccionó como esa madre protectora que teme que uno aventure en la vida fuera de Puerto Rico, fuera de su casa. Pues así reaccionó ella. Y le dije: "Calma, Mami, siento que Keila y yo hemos tomado la mejor decisión. El hospital es de primera. Me han hablado muy bien del cirujano y entendemos que es lo mejor para poder trabajar la situación". Mi mamá estuvo angustiada en ese proceso, natural. Y eso que ella no sabía todo lo que conllevaba la masa y todos los riesgos que implicaba la operación. Sentí a una mujer sensible, amorosa, preocupada por el bienestar de su hijo. Vi sentimientos que no había visto en ella, porque nunca se había preocupado tanto; nunca le había dado razones para preocuparse de esa manera. A lo mejor, cuando me daba catarro, o virus, o cuando me mordió mi perro a los doce años, que sí se preocupó bastante. Mi mamá no es una mujer muy efusiva en cuestión de expresar sentimientos; se aguanta mucho. No es muy amorosa o, digamos, expresiva. Pero cuando alguien de los suyos sufre, ella se destruye, se afecta mucho. Y, obviamente, se trataba de su hijo menor, su junior, su bebé que era yo.

Yo, aunque vivía en mi preocupación, no lo reflejaba. Y no busqué el abrazo bajo el sufrimiento y bajo el llanto porque no quería que mi madre sufriera o sintiera que estaba asustado. No pude buscar esa protección de sus brazos, esa protección de madre a hijo, porque si no ella iba a sufrir. Y no quería eso. Mi cuidado estuvo en mi relación con mi esposa y con mis amistades.

A la otra persona a la que le tuve que decir sobre la situación fue a mi hermana. A diferencia de Mami, a ella le dije la verdad de todos los riesgos. Le dije la verdad de todas las complicaciones. Le dije la verdad, con lujo de detalle, de todo el diagnóstico, de todos los pros y los contras de la operación. Nunca me cansaré de decir que mi hermana es como mi segunda madre. Hoy, aunque estamos a distancia, la quiero mucho. ¿Cómo no hacerlo? ¡Le debo tanto! A pesar de la distancia, somos muy unidos. Nuestra unión va más en sentimiento, en darnos apoyo en momentos de dificultad. Ella vive en Costa Rica. No hablamos todos los días, pero tratamos de mantener algún tipo de comunicación, aunque sea por escrito, por mensajes de texto. De más está decir que la noticia le afectó. Se le entrecortó la voz. Si algo le pasara a ella, yo me pondría igual. Desde ese momento, noté su presencia todos los días. Esas llamadas que no se daban antes por la rutina ajetreada por compromisos y la distancia, ahora se estaban generando a diario. Mi hermana se comunicaba conmigo, me preguntaba cómo estaba. Y sentía ese amor, ese afecto. Ella era el ser más cercano a mí en sangre, y vi en ella ese apoyo conociendo todo, porque mi mamá no conocía todo. No era lo mismo. Sentí el apoyo y compromiso de mi sangre. Amor de familia. Incondicionalidad. Promesa de vida. Relación de hermanos. Amor.

Dar tanto relato y explicación me hizo llorar mucho. Era como evocar al dolor una y otra vez. Me angustié. Pensaba demasiado. Me angustió porque era revivir lo mismo y percibir el desasosiego al otro lado del teléfono. Eran altas y bajas constantes. El panorama era algo así: una llamada, un preparativo para mi viaje. Angustia y fe. Llanto y alegría. Paradójico e inconstante. Tristeza e ilusión. Las horas, los días, fluían y yo lo hacía con ellos. Esperanza, incertidumbre, esperanza, silencio, esperanza, desesperación.

También tuve que comunicarme con mis primos. Nunca imaginé que mi lista de llamadas fuera tan larga. Es en momentos así, cuando te percatas de que estás rodeado de mucha gente importante, que te estima y se preocupa con tu bienestar. El único primo que conocía mi proceso era Marcos. Él me ayudó con los planes médicos y fue mi consuelo desde el comienzo de esta historia, cuando todavía por decisión propia mi sangre no sabía nada. Con su asesoría, se convirtió en un hermano para mí. Mis primos Marta, Toño y su esposa Elba son los que representan a mi padre ante su ausencia física.

De pequeño, siempre me han dado apoyo, me han querido y aceptado en su casa. Es irónico porque ellos son primos, pero pueden ser mis papás. Mi papá era mayor que mi mamá y mis primos tienen la misma edad de mi madre. Yo soy contemporáneo con sus hijos.

Cuando los llamé en conferencia, ellos lo que me preguntaron fue si les iba a anunciar que iba a ser papá otra vez, que si venía el hermanito o la hermanita. Se me hizo un taco en la garganta y empecé a llorar. No me salían las palabras. No sabía cómo expresarme al sentir un bloqueo enorme en mi mente. Solo sentía las lágrimas que bajaban a chorros y yo tratando de disimular. No lloraba así con ellos desde el 1998. Cuando les dije mi situación de salud, comenzaron a orar. Marta se desbordó en palabras sabias; a ella la distingue su espiritualidad y tranquilidad. Toño pisó firme con su fuerza, con su fe. Oraron durante la conversación telefónica. Empecé a sentir cómo mi grupo de amistades y mi familia se estaban uniendo. Según se enteraban, manifestaban la fortaleza que yo necesitaba para poder seguir luchando. Fue algo grandioso, algo hermoso, porque sentí esa fuerza en mí. Empecé esa llamada telefónica desvaneciéndome y la terminé con el pecho erguido, con la frente en alto, mirando al cielo, con mi caminar fuerte, como siempre trato de estar. Mis primos me inyectaron la energía de la fe, la energía de la espiritualidad, la energía del apoyo de la familia que no tenía hasta ese momento.

Yo no quería decirlo antes porque no sabía qué era lo que iba a pasar. Tenía muchas preguntas: *¿Quién me iba operar? ¿Cómo iba a ser la operación? ¿Cuál era la expectativa de la operación, los riesgos?* No sabía nada de eso.

No quería angustiar a les demás en esa penumbra, en ese dolor. Sabía que se iban a afectar y entonces yo iba a sufrir más. No iba a estar enfocado. No iba a tener la tranquilidad que necesitaba para poder luchar y buscar alternativas para trabajar mi salud. Iba a afectar a mi mamá. Eso era de lo más que me preocupaba. No podía caer en eso. No podía arrastrar a mi familia en ese dolor sin saber las respuestas certeras de hacia dónde nos dirigíamos. Tampoco tenía la fortaleza para enfrentar todas las preguntas que me harían y que yo no podría contestar. Puede ser que esté bien. Puede ser que esté mal. Pero es algo que sentía. Así soy. No quiero que la gente sufra. Esa semana también se lo dije a mi amiga de hace más de veinte años, mi hermana por elección, Sonia. Walter, nuestro padrino de bodas, lo sabía hacía una semana. Todos me apoyaron y empezamos a crear esa red de oraciones, de fe, y eso yo lo sentí.

Una de las conversaciones en la que más sentimiento expuse fue con mi equipo de trabajo. Mi equipo de trabajo no me había visto desde el *lockdown*. Yo no había ido físicamente a la Región a dirigir los trabajos; los dirigía de manera remota. A pesar de que estaba justificado por lo que estaba atravesando, me culpaba a veces y me sentía un poco frustrado e impotente al no poder ir allí físicamente para dar apoyo al personal que estaba trabajando para reanudar los servicios durante la crisis de la pandemia. Todes les jueces estaban atendiendo los asuntos urgentes en la sala municipal mediante planes de trabajo que yo mismo elaboré, pero que no pude servir como elles. Tenía un sentido de culpabilidad porque no estaba haciendo lo que todo juez administrador tenía que hacer: enrollarse las mangas y acudir físicamente a la oficina para dar cara al personal. Siempre me he fajado hasta lo máximo para lograr lo que se espera de mí y demostrar el profesional que existe en mí. Era la primera vez en mi vida que me sentía impotente ante un reto profesional. Pero tenía que ser egoísta y pensar en mis amores y en mi vida si quería seguir realizando mis sueños. Coordinamos un *Zoom*. Me comuniqué con la directora ejecutiva, la secretaria regional, la alguacila regional, las coordinadoras de programas judiciales, el grupo gerencial, la subadministradora... y cuando empecé a hablar, no pude. No me salían las palabras. Tuve que apagar la cámara. Me paré y empecé a llorar. Eran unas lágrimas cargadas de sentimiento porque yo sé que ellas me respetan mucho, al igual que yo a ellas; que somos un gran equipo de trabajo; que ellas estaban haciendo un trabajo extraordinario ante mi ausencia física y me dolía no estar con ellas allí. Me dolía decirles que me iba a alejar durante unos meses para atender mi situación de salud. Inhalé y exhalé varias veces. Recobré la fuerza emocional y retomé la llamada. Me senté. Respiré. Les dije. Ellas se afectaron. Algunas apagaron las cámaras. Yo escuchaba sus llantos. Pero emergió la espiritualidad y el poder que estas mujeres tienen como líderes. Me dieron fuerza. A través de este proceso, me expresaban su apoyo por mensajes de texto, por mensajes bíblicos, mensajes hermosos, mensajes de vida. Me inspiraban ganas para luchar.

En esos días, fuimos a una abogada notaria y otorgamos una escritura cediéndole la custodia de Noé Martín a Sheila. Vi cómo Keila, calladita, hasta redactó un testamento ológrafo por si no llegábamos. "Noé no se quedará desprovisto". Lo dijo sin mirarme. Fue bien fuerte. Era una lucha interna, pero a la misma vez, tenía mucha ilusión en poder buscar las manos médicas que me ayudarían a vivir, sanarme, superar esto y darle mi vida entera a ella y a mi hijo. Yo le di todo el apoyo. Ella me dio todo el apoyo. Juntos nos mantuvimos en la decisión de irnos porque, al final del día, si no luchábamos por mi salud, yo les iba a fallar; porque a lo mejor no iba a poder estar con ellos más, no iba a estar con mi esposa, la iba a hacer quedarse viuda joven, la iba a dejar sola y yo iba a dejar a mi Noé sin su papá. Yo no quería hacerle eso ni a ella ni a él. Yo quería estar con ellos en esta aventura de vida, en este sueño de vida, de pareja, de matrimonio y de padres primerizos. Era un trabajo de equipo que nosotros teníamos desde antes de que llegara Noé. Ahora Noé era parte del equipo. Yo no podía poncharme como jugador. Tenía que emular mi fuerza de *crossfit*. Yo tenía que estar dando la batalla y quería seguir dando la batalla. Así que sí, aposté a esto. Sí, estaba decidido a irme. Sí, apoyé a mi esposa. Y sí, los dos decidimos irnos para buscar vida y salud; para permitirme estar contigo compartiendo estas palabras, este escrito, que estamos haciendo y que estás leyendo.

El 17 de mayo de 2020, emprendimos la travesía que empezó con una unión y un crecimiento espiritual, a través de Padre Marco. Él fue una de las mayores bendiciones que nuestro amigo Ángel nos consiguió. Mediante él, empecé a recibir palabras de fortaleza, sanación, energía y entusiasmo. Hay que cultivar la espiritualidad. Hay que tener la fuerza interna para poder trabajar esto además de ese ejército del que ya yo les hablé. Lo fuimos a ver. Llevamos a Noé. Yo me bajé primero. Keila se quedó en la guagua dando vueltas con Noé para que no llorara. Entré en esa iglesia con dudas de cómo sería la conversación con él y cómo me ayudará en mi fe. Atravesé la puerta amplia que da acceso a la nave, caminé lentamente buscando dónde estaba él. Desde ese momento, mis dudas se comenzaron a disipar porque comencé a sentir la presencia de Dios en mí. Pasé por el Altar y sentía más entusiasmo en mi cuerpo y todavía no había encontrado a Padre Marco. Entré a un cuarto y allí fue mi encuentro con quien hoy sigue siendo mi Director Espiritual. Comencé a sentir sus palabras de aliento y cada letra de sus oraciones fueron calando en mí de una manera extraordinaria convirtiéndome en un hombre renovado y con más fe que nunca. Luego entró Keila y yo tomé el cuidado de Noé. Al final del día, Noé bajó con nosotros. Y vivimos tranquilidad. Vivimos paz. Vivimos la bendición de Padre Marco en su iglesia. Yo salí rejuvenecido, fortalecido, con mucha esperanza y ahínco; salí repleto de fe y la plena confianza de que íbamos hacia una jornada de sanación.

    Llegamos a Aibonito. No lloramos cuando nos despedimos de Noé. No queríamos llorar frente a él. Sabíamos que los padrinos y las primas que él tenía eran lo mejor que le podía estar pasando en esos momentos. Nos fuimos. Lo dejamos en la piscina jugando. A medida que nos alejábamos de Aibonito, dejábamos un amor, nuestra semilla ya germinada atrás, con mucha tristeza, pero mirábamos hacia al frente con los ojos brillosos de ilusión porque íbamos en busca de mi sanación, en busca de mi recuperación para regresar y estar unidos como familia. Había que hacerlo. Había que luchar.

Y así seguimos luchando y encaminándonos hacia Texas con toda nuestra esperanza y todos nuestros sueños.

II

20 de marzo de 2020

La vida estaba en peligro a nivel mundial. "Súplanse, que viene una cuarentena y no podremos salir de nuestras casas". Si hubiera visto ese mensaje en un momento "normal" de mi vida, no lo hubiera creído. Sin embargo, desde principios de año, estaba atenta a la situación del coronavirus en Europa. Los Rodríguez Díaz querían que viajáramos (miren qué cosa: otro avión protagonista) por primera vez todos juntos. Por "todos" me refiero a los Díaz Morales. Les primes, entiéndase el clan gigantesco de mi familia paterna, también querían viajar el verano 2020. Reconociendo que llevan años tratando de coordinarlo sin éxito, las trillizas (las tres primas por el lado paterno que tenemos más o menos la misma edad y quienes, más que primas, son mis hermanas) querían que nos fuéramos de crucero. Yo, que ya era adicta a viajar, me resistía. Seguro habría alguien infectado proveniente de Europa en cada avión y cada crucero. Antes de que ese alguien aterrizara en Puerto Rico, ya yo había dicho que no.

Escuché el rumor de cuarentena un jueves. Salí directo del trabajo a la gasolinera a llenar el tanque. Por el huracán María aprendí que ese preciado líquido se convierte en inaccesible de un segundo para otro. Luego, al supermercado, decidida a suplirme como para fundar un *bunker*. No lo dudé ni un segundo. Me avergoncé por un momento comprando un total de sesenta huevos, pero procedí. Me asusté al ver que solo quedaban dos potes de desinfectante. En este archipielaguito nada sustentable, cualquier rumor podía vaciar las góndolas en menos nah. Alguien diría que soy parte del problema por la cantidad absurda de papel de baño que compré. Yo seguí mi instinto; ese que me advertía desde enero que esa cosa iba a llegar. El tiempo me dio la razón.

Al día siguiente, viernes, el rumor ya se convertía en realidad. Se me olvidaba pestañear viendo a Marido coordinando cómo funcionaría su Región Judicial, esto en calidad de juez administrador. La Rama se movió rápido (así decimos los ramistas -los empleados de la Rama Judicial- a nuestra rama de gobierno, con cariño, estimándola única, inigualable, estable). Yo no paraba de pensar qué nos haría falta y cómo lo conseguiría antes del cierre definitivo del país. Hasta compré todo tipo de semillas para al fin hacer mi huerto. Volví a agradecer a la vida por la lactancia, aliada maravillosa en tiempos de emergencia, y la emergencia ya como que se volvía parte normal de nuestras vidas.

Apenas había pasado un año del huracán María cuando supimos que tendríamos un bebé. Tuvimos bien presente qué necesitaríamos si viniera otro huracán, o un vientito que provocara el colapso de Palo Seco y nos dejara a oscuras, otra vez. La lactancia era innegociable. Tan ingenuos nosotros, que solo nos creíamos amenazados por huracanes.

Noé Martín llegó a este mundo a tiempo para las marchas del verano de 2019. Su fecha de nacimiento estimada era el 23 de julio de 2019. El 22 de julio sería la marcha más multitudinaria en reclamo de que el gobernador Ricky Rosselló renunciara. El 19 de julio llegué al hospital. El 20 nos viraron y quedamos en temor de estar de parto y no poder llegar al hospital debido a la furia que se dejaba sentir en las calles. Noé también quería llegar a San Juan y nos mandó al hospital el domingo, 21, tempranito en la mañana. Entonces, ese histórico 22 de julio se desenvolvió ante nuestros ojos a través del televisor de nuestro cuarto en el hospital, con Noé Martín en mi pecho. Lo primero que sintió fue el latir y el respirar que caracteriza a un testigo que sabe que está viviendo historia.

Ese latir, ese respirar, cobró otra modalidad de alerta a principios de noviembre. Estaba lactando a Noé en nuestra esquinita de paz y amor, en esa mecedora que tanto trabajo nos dio conseguir, que Marido buscó el día antes de su nacimiento y en donde confieso que dormí los primeros dos meses de maternidad contra todo tipo de recomendación de seguridad. La tierra comenzó a temblar. De un brinco, caí con Noé debajo de la cunita de colecho que teníamos pegada a nuestra cama matrimonial y que él apenas usó. Él me miró con sus ojos bien abiertos, sin parpadear y tranquilo, como diciendo "tranquila, todo va a estar bien". Antes, estas cosas pasaban y me atacaba ese miedo a morir. No en cuanto a cómo sino en cuanto a cuándo; a dejar este mundo a destiempo sin haber demostrado todo mi amor al planeta. Ahora, con un bebé en el regazo, ese miedo se convertía en pánico.

La vida sí es breve, sí es frágil, sí estamos en constante "peligro", y ahora, tenemos a cargo un bebé. Esa noche no me tranquilicé. La tierra dejó de temblar, pero mi cuerpo no. Siempre he dicho que le tengo terror a los terremotos. En todo lugar que entro, en todo momento, me fijo y planifico de forma consciente e inconsciente cuál sería mi plan para protegerme si la tierra empezara a sacudirse. Creo que es culpa de los documentales que transmitían en el Canal 6 con insufrible frecuencia sobre este tema y donde presentaban visuales de aquel terremoto en Mayagüez. "Han pasado más de cien años", decían, "ya pronto nos toca otro fuerte".

¿Se podrá rascar más duro? Eso pensé la mañana de Reyes con impaciencia y luego con humor cuando corroboré que los movimientos matutinos de Marido no habían despertado a Noé, con quien compartíamos la cama. Fiel a la horrible costumbre, entré a Facebook. Fotos de casas desplomadas. Énfasis a la mochila de emergencia. Me levanté de la cama de un brinco. Cuando Marido despertó con Noé, me encontró en la cocina, con el *counter* lleno de artefactos y la famosa mochila. Él se quedó medio paralizado como preguntándose si su esposa se había vuelto loca. "Tenemos que estar listos", dije.

Así, nos fuimos a Orocovis. Gozamos en familia el último día de Daki en Puerto Rico. Ella regresaría con nosotros para que Marido la llevara al aeropuerto la madrugada siguiente. Soñé. Mami y yo estábamos en un restaurante. Yo fui a la entrada a reclamarle a la anfitriona que nos habían robado la mesa. La tierra comenzó a temblar. Podía ver desde afuera a Mami dentro del restaurante. Luego, juntas huíamos del tsunami.

Mientras yo soñaba, o pesadillaba, en la vida real, el acondicionador de aire del cuarto aumentó su potencia y se apagó. Abrí los ojos y el corazón se me quería salir del pecho. Se había ido la luz. Como siempre, el potente generador eléctrico del vecino activó el *PTSD*. Marido ya se había ido al aeropuerto. Noé se despertó con mi brinco. Lo pegué a la teta y en cuestión de segundos, la tierra empezó a temblar. Me quedé en *shock*. Tembló más fuerte, y más fuerte, y más fuerte. Otro brinco y, de nuevo, debajo de la cuna. *¿Debajo? ¿Triángulo de la vida? ¿Cuál es? Ok. Mitad y mitad. Padre Nuestro que estás en el Cielo, santificado sea tu nombre, venga a nosotros tu reino... ... ... ¿cómo es? ¿cómo es? ¡Mierda, mierda, mierda!* Noé, de nuevo, calmadísimo.

Al fin dejó de temblar. Me dispuse a salir del cuarto. *Keila, ¡ponte chancletas! ¡Coge el* flash light! Salí de la casa pensando que se caería como las que había visto la mañana anterior. Esperaba la réplica. Me monté en el carro con Noé. Intenté llamar a Marido sin éxito. Nada. Pronto entendí que solo servía la señal de Claro, a juzgar por quienes estaban hablando por *WhatsApp* en el chat de Los Primos. Marido es AT&T. ¿Y qué hablaban Los Primos? Que había aviso de tsunami. Y yo en pueblo costero. Mi pesadilla volviéndose realidad. Entré a la casa.

Cogí la mochila. Antes de cerrar la puerta, los perros me miraron y con el pecho a punto de explotar, les di mi sonrisa de despedida. Mis perros son unos cerreros y de ninguna manera puedo sola con ellos dos más un bebé. Sufrí. Camino al área más alta y cercana posible, la carretera parecía evidenciar que el mundo se estaba acabando. Se unía a la amenaza la gente conduciendo de forma errática. *¿Volveré a ver a Marido?* Llegué a la Salida 28, al igual que numerosos vehículos. Noé tranquilo. Solo unos minutos y Danny me calmaría diciéndome que desactivaron el alerta de tsunami y que, igual, era para el Sur. Obvio que preservé un poco de mi dignidad (esa misma que estoy sacrificando en estas líneas) y no le dije que había salido de casa con el nene como una loca. Regresé con calma a nuestro hogar, a mis perros. Llegué al mismo tiempo que Marido. Él no se había enterado de nada. Entonces, yo que iba camino a casa imaginándome llorando al fin en sus brazos al volverlo a ver, quise asesinarlo al ver lo tropical y *clueless* que estaba. Ya más alerta, sintió las réplicas. Yo también, pero ya no tenía fuerzas para reaccionar. De esa forma, esos últimos días de receso navideño, Noé estaría conmigo en una silla de playa frente a la casa, pues cada que temblaba yo veía las ruinas del Sur. Luego, al retornar al trabajo, Noé estaría en su cuido a diecinueve kilómetros de distancia de mí. Cada tarde, cuando lo recogía, daba gracias a Dios por dejarme tenerlo a mi lado un día más.

 Apenas estábamos perfeccionando nuestros simulacros para terremotos, todavía había familias en refugios en el Sur, cuando un crucero trajo a la turista italiana a Puerto Rico con el coronavirus en sus maletas. Por su parte, un panameño contagió a medio mundo al ritmo de la salsa. Ambos, que en paz descansen. Compré mis sesenta huevos, la Rama activó su proceso y Wanda Vázquez nos encerró en nuestras casas. Estábamos protegidos; aislados, pero protegidos en la comodidad de nuestro hogar. Dimos gracias porque estábamos en una cuarentena cómoda y amorosa. De pronto, teníamos todo el tiempo del mundo en nuestras manos. Al fin se asimiló la obvia realidad de que es posible trabajar remoto, y lo disfrutamos desde nuestro comedor. Nos enamoramos de nuestro patio. Nos sabíamos afortunados, y enviamos nuestras mejores vibras a quienes no compartían nuestra situación; a las víctimas encerradas con sus agresores; a les niñes sin su comedor escolar.

Todo iba bien. Llegó el primer viernes de cuarentena. Noé se quedó tranquilo durmiendo su siesta temprano en la tarde. El niño se luce durmiendo de día para luego dormir máximo dos horas corridas de noche. Es un bandido. Marido y yo aprovechamos para "conectar". Teníamos copitas en mano en nuestro cuarto, en donde estábamos al fin solitos un ratito, cuando el celular de Marido interrumpió la armonía. Era su doctora de cabecera. Habían llegado los resultados de sus exámenes. Era cáncer...

...cáncer...

Cáncer.

¿Cómo se recibe tratamiento médico en medio de una cuarentena por una pandemia?

El tiempo se detuvo. El viento paró de soplar. Mis ojos dejaron de parpadear. Las palabras desaparecieron y enmudecimos por varios minutos. Marido estaba sentado en el piso y yo en mi butaca refugio. Pasó el ojo del huracán. Nuestras glándulas suprarrenales se activaron. En cuestión de minutos, ya habíamos decidido a quién decirle y a quién no. Comenzamos por el trabajo. Hablamos con la jueza presidenta, el director administrativo de los Tribunales y con mi jueza administradora regional. Los tres nos dieron un apoyo increíble, espontáneo, humanísimo... y coincidieron en que, hasta que no estuviera claro cómo recibiría cuál tratamiento médico, no debíamos exponernos pisando el Tribunal. Nos autorizaron a trabajar remoto cien por ciento en lo que se decidía cómo íbamos a proceder. Después de todo, la doctora nos explicó que esa cosa llamada timo o *thymus* que desconocíamos por completo estaba relacionada con el sistema inmunológico.

Noé despertó para encontrarse de nuevo con un latir y respirar diferente, ese que caracteriza a quien enfrenta una amenaza de vida o muerte. Tardé en entender por qué despertaba en las noches gritando como si hubiera tenido la peor pesadilla. El pobre percibía de su madre, de su principal protectora, que nuestras vidas estaban en riesgo todo el tiempo. ¿Cómo uno trasmite paz y seguridad en medio del caos? No recuerdo cómo manejamos estar con Noé esa tarde, teniendo la mente y el corazón en algún agujero negro del Universo. No tengo ninguna memoria. Supongo que hicimos un esfuerzo sobrehumano por jugar con él, darle comida, bañarlo con alegría, leerle su cuento, dormirlo. Lo que sí recuerdo es que, tan pronto se durmió, fui a la sala en silencio. Marido estaba en el *love seat*. Recosté mi cabeza en su regazo y él acarició mi cabello, también en silencio.

El próximo lunes tendríamos nuestra primera cita. Coordinamos para que la primera maestra de Noé fuera a casa a cuidarlo. Lo encomendamos a Dios y la Virgen luego de preguntarle como diez veces a maestra Sheila si estaba segura de que no había estado expuesta al coronavirus. Estábamos buscando estacionamiento en los alrededores de Auxilio Mutuo, bajo la lluvia, cuando me abofeteó el recuerdo.

Terminé mi *Juris Doctor* un viernes de 2011, al entregar mi último trabajo. Llegué a casa de mis papás en Orocovis feliz de haber terminado y dispuesta a disfrutarme ese fin de semana con ellos en absoluta presencia. Mami entró a mi cuarto, se echó a llorar y me dio la noticia: Papi tenía cáncer. Le pedí que me dejara sola. Estuve un buen rato en *shock*. Salí no sé cuánto tiempo después. Fui a la sala en silencio. Papi estaba en el *love seat*. Recosté mi cabeza en su regazo y él acarició mi cabello, también en silencio. El próximo lunes, yo sería la chofera para su admisión para cirugía en Auxilio Mutuo. De ahí, partiría al comienzo de mi repaso de reválida en la UPR.

Comenzaba a preguntarme por qué, por qué, por qué, me estaba pasando esto otra vez; y volví a escuchar la voz profunda de mi papá; ese bohemio; ese bajo del Coro del Recinto Universitario de Mayagüez. Antes de arrancar desde Orocovis, Papi me contó que tuvo un sueño. Una voz le dijo: "Hombre de poca fe, ¿por qué dudas?".

Estábamos en una crisis a causa de la pandemia. Todo el mundo hablaba del virus que estaba por Europa y China y que estaba llegando a Estados Unidos. Por ende, Puerto Rico estaría en la ruta de contagio. Se vivía mucho estrés y tensión social. Los medios hablaban del virus, que si salió o no salió de una sopa de murciélagos. En mi caso, lo veía como algo surreal. Todavía no podía ver como una realidad el hecho de que el virus llegara a Puerto Rico. Mucho menos, sentía estrés por la posibilidad de una pandemia que afectara a Puerto Rico. En mi hogar había ansiedad; pero no en mí, sino en mi esposa. No sé si esa falta de preocupación de mi parte se debía a que estaba muy involucrado en el trabajo. Pero, pensándolo bien, creo que mi mente estaba con la biopsia que me había realizado hace algunos días y que estaba a la expectativa de los resultados.

Yo no sabía mucho de biopsias. Solo había escuchado a unas cuantas personas a lo largo de mi vida, posiblemente no más de cinco o seis personas, hablar de que se habían sometido a un proceso de biopsia por alguna masa que le encontraron en el cuerpo, que podía ser benigna o maligna. Más allá de eso, mi saber era escaso. No sabía qué procedía si algún resultado arrojaba lo contrario a lo esperado. Mientras la gente estaba agobiada por el virus, yo solamente tenía mente para rezar por mi salud y pedir que el resultado fuese benigno. Mi mente no daba para más estrés en mi vida que no fuese mi salud y el vivir.

Una de las cosas que más me gusta de nuestra casa es que el cuarto máster tiene un ventanal desde donde puedo ver el cielo acostado en nuestra cama matrimonial. Desde el momento que supe de la masa en mi cuerpo, todas las noches me desvelaba y me quedaba mirando fijo el cielo y las pocas nubes que en las noches se pueden divisar. Eran momentos de pedirle a Dios que me permitiera vivir y que esa masa no fuera maligna. Rezaba cada noche con más fuerzas y deseos que la noche anterior. Cada vez que veía estrellas me decía que ese era Dios que me miraba, pero no sabía si era que me vendría a buscar o si era que acogería mis rezos para durar más tiempo en la tierra con mi esposa y nuestro Noé. Durante algunas noches, no podía conciliar el sueño, pues no quería que pasara otro día más viviendo esta pesadilla sin tener contestaciones concretas.

Keila estaba tensa por la toda la información que se divulgaba en los medios. Hizo una megacompra. Yo dije: "pero qué exagerá, ni que viniera un huracán". Cuando escuché sobre unos italianos que llegaron en crucero y que estaban en un hospital de Condado, me dije: "esto se chavó, el virus encontró pasaje para Puerto Rico". Comencé a aceptar la realidad de que llegaría al archipiélago. Ya no estaba como otros que decían que eso se quedaría por allá en China. Cada vez se escuchaba más cerca y real la palabra "cuarentena".

Ese domingo antes del llamado *lockdown*, fui al Centro Judicial de mi Región a comenzar a diseñar los planes de trabajo para enfrentar una crisis de pandemia junto a la directora ejecutiva, la secretaria regional y la alguacila regional. Mi mente estaba en organizar la Región y dejar todo *set*. Siempre me he caracterizado por ser una persona responsable y adicta al trabajo, que aspira a que todo quede perfecto. A mí siempre me ha gustado diseñar planes para enfrentar retos. Ya había pasado la experiencia de los huracanes Irma y María y los terremotos a principios del 2020. Estaba disfrutando los retos profesionales que surgían, pero estaba bloqueando en parte por el reto personal de salud que tenía y que estaba en la espera de unos resultados que no avanzaban a llegar. No sabía qué esperar de esa biopsia. Enfocaba mi mente en otras cosas para no atormentarme, pero eso solo funcionaba cuando estaba ocupado. Terminé mi reunión y emprendí el regreso a mi hogar con un plan listo para ejecutar y habiendo cumplido mi responsabilidad como juez administrador para que la Región pudiese operar durante la pandemia. Cuando mi mente no estaba cargada de esos asuntos profesionales, que muchas veces son un refugio para uno y lo fue para mí, venía la angustia: *¿Qué será esa masa? ¿Qué pasará conmigo? ¿Moriré? ¿Qué va a pasar con Keila y Noé? ¡No los quiero dejar de ver!* Y con cada pregunta, las lágrimas me invadían el rostro. Cada minuto del día se me hacía eterno. Tenía muchas dudas sobre hacia dónde iba mi vida. Era como estar en una carretera rural dentro de las montañas y no saber si vas hacia el norte o el sur, sin señal y te sientes frágil sin control de la situación. Me sentía que se me iba la vida y no sabía cómo cambiar ese rumbo. En las mañanas, mientras guiaba hacia el trabajo o alguna de tantas citas médicas, se apoderaba de mí ese sentido de desasosiego.

Para esto no había planes que ejecutar, solo esperar y esperar para ver qué iba suceder. El temor iba y venía.

Cuando iba, era gracias al trabajo que se apoderaba de mí y no permitía pensar; me ponía como un robot. Esa rutina de atender mis casos, supervisar las labores del Tribunal, sin pausa, no me permitía internalizar bien qué estaba pasando conmigo. *¿Será malo estar así como un robot concentrado en otras cosas? ¿Es malo esquivar la realidad?* No sé, pero yo me decía: *¿para qué quiero pensar todo el tiempo en la masa y la biopsia si no puedo hacer nada por el momento? ¿Para qué angustiarme y sufrir 24/7?* En el subconsciente, el trabajo no me permitía estar pensando todo el tiempo en qué iba a pasar con la biopsia. Yo buscaba un salvavidas para no atormentarme durante la espera. Sencillamente, no quería estar sufriendo todo el tiempo. No quería deprimirme y perder el ánimo.

Ese domingo, mientras conducía de regreso a casa, escuché en la radio que la entonces gobernadora, Wanda Vázquez, decretó el tan esperado *lockdown*. ¡Menos mal que Keila hizo compra! Por ese lado, no tenía por qué preocuparme. Ya estábamos listos para convertir nuestra casa en nuestro *bunker*. Ese lunes, martes, miércoles y jueves fueron días de estar en casa todo el tiempo cocinando todas las comidas y estando los tres juntos como nunca habíamos pensado que podía suceder. Mi mente estaba en vivir esos días encerrados, compartiendo como familia y, a la vez, trabajando remoto para ejecutar planes para que se pudiesen atender los asuntos urgentes en la Región.

Definitivamente, Keila es la planificadora y metódica de la relación porque siempre ve las cosas que yo no veo venir. Gracias a esa mente, teníamos suministros para la cuarentena. Yo siempre soy más *laidback* para esas cosas y no me ajoro. Bueno... para nuestra boda esa forma de ser de los dos se notó. Desde el primer día, con las invitaciones, Keila estaba planificando y organizando todo con sus *to do lists*. Tenía hasta una aplicación en el celular para organizarse. A mí solo me tocaban las bebidas. Yo lo tomé con calma hasta que me di cuenta de que no planifiqué los jugos para las bebidas. ¡Caos! Faltando una semana para la boda, me comenzó el estrés para ver qué yo iba a comprar y cómo yo iba a conseguir jugos naturales que llegaran a Orocovis.

Recuerdo ese día que ella les relata para el Día de Reyes. Yo tenía que llevar a Daki al aeropuerto para que ella regresara a Alemania supertemprano. El vuelo salía a las 7:00 a. m. Había que estar por lo menos tres horas antes, según el protocolo de los aeropuertos. La carretera estaba tranquila. Mientras íbamos por la Baldorioty de Castro, comencé a escuchar en la radio la alerta de emergencia.

–¿Qué habrá pasado? –pregunté.

–Parece que hubo un temblor. –Daki hizo sus comentarios científicos. –Hubo réplicas, qué interesante.

Daki se fue en un viaje diciendo otras cosas técnicas que no entendí. Hablaba con una calma que, en la mayoría de los casos, desespera. *¿Pero esta no piensa ponerse histérica? Bueno, si ella está tranquila, pues yo me mantengo tranquilo y no hago el ridículo.* Llegamos al área del puente donde me despedí de ella. En eso, vi a varias personas donde uno deja a les pasajeres, incluyendo agentes de la Policía. *Parece que encontraron drogas o hay algún explosivo.* Yo en mi ignorancia total.

Salí de los predios del aeropuerto y vi muchos carros estacionados en el paseo de la avenida con las luces intermitentes. No entendía por qué esos carros decidieron tomar un receso. Me percaté de que se fue la luz porque los postes estaban apagados. Llegué a la entrada de la urbanización donde vivimos y concluí que se había ido la luz también en Dorado. No había luz en la entrada de la urbanización y los brazos mecánicos estaban abiertos.

–¿Hace mucho tiempo que se fue la luz? –pregunté a la guardia de la entrada.

–Bueno... sí... con el temblor que sucedió... lleva tiempo que se fue.

–¿Tan fuerte fue?

–Sí, fue fuerte. Detrás de usted está ella con el bebé.

¿Para qué ella me hablará de esa señora que está entrando justo de detrás de mí con un bebé? Seguí para la casa y no vi mi carro. Cuando me bajo de la guagua, veo que mi carro está detrás de mí y se baja Keila con nuestro Noé. Parece que los Tres Reyes Magos me llevaron el cerebro. Keila y Noé llegaban de haber estado buscando el monte más alto para escapar del temblor y de un posible tsunami.

Yo estaba viviendo esa falta de estrés que me caracteriza por momentos, en la espera de los resultados. Me resistía a angustiarme y sufrir sin necesidad. Era prematuro para la tristeza. Pero con la masa en mi cuerpo no podía tener tanto control en mi mente para aislar su presencia de mi vida. Aquí sí que se me estaba haciendo bien difícil el poder bloquear de mi mente el riesgo de no vivir más.

El viernes, 20 de marzo de 2020, dio inicio el primer fin de semana de la cuarentena. Estábamos en nuestro cuarto planificando qué comer ese viernes social de encierro obligatorio. Recuerdo que estaba tirado en la cama relajado conversando con Keila cuando sonó mi celular. Vi que mi doctora de cabecera me estaba llamando. *La doctora me está llamando ¿para qué? Parece que quiere saludarme o preguntar por Mami.* La doctora es una profesional espectacular de medicina de familia. Es de las que te hablan claro, pero siempre con mucho optimismo. Yo la visitaba fielmente cada seis meses para hacerme los exámenes rutinarios y estar seguro de que todo en mí estuviese perfecto. "Tu presión arterial es perfecta, tienes el peso ideal, los exámenes de sangre están excelentes. José, continúa con tu rutina de hacer ejercicios que te ves muy bien". Esos eran los comentarios que la doctora me indicaba en cada cita en que yo llevaba mis resultados. Según los laboratorios, no tenía nada por qué preocuparme. Siempre salía bien.

—¿Cómo estás, José? —me preguntó con su voz dulce y amable.

—Muy bien, ¿y tú?

—Pues, con este reto ahora de dar servicios por teleconsultas por la COVID. —Y me hizo una pregunta que me dejó sin aliento—. José, ¿ya tienes oncólogo?

—¿Oncólogo? ¿De qué tú me hablas? —la contestación a esa pregunta cambió mi vida para siempre.

—¿Tú no sabes el resultado de tu biopsia? José, recibimos el resultado de la biopsia y es positiva. Es un tumor CANCEROSO.

Comencé a caminar de un lado a otro en el cuarto. Mi respiración se entrecortó o se aceleró, no recuerdo. Se apoderó el frío de mi cuerpo, sentía que la sangre no circulaba en mi cerebro. No me podía sostener de pie porque perdí las fuerzas de mis piernas. No creía lo que me estaba diciendo la doctora de las buenas noticias, de los comentarios halagadores sobre mi salud a lo largo de todos estos años. Keila me preguntó qué pasó. "Mi amor, la biopsia fue positiva". Me senté en el piso y puse el celular en *speaker* mientras mi mano temblaba para que Keila escuchara lo que la doctora me estaba explicando. Tenía un tumor canceroso denominado *low grade* en la glándula del timo. En ese momento, dentro de lo nublado que tenía el pensamiento, entendí que todes nosotres tenemos una glándula llamada timo que tiene que ver con el sistema inmunológico del cuerpo humano, pero que deja de funcionar cuando uno llega a la adolescencia. El tumor que yo tenía era un *Thymoma*: uno de los tumores más raros en el mundo y que solamente le ocurre a un promedio de quinientas personas al año en Estados Unidos.

  –¿ME VOY A MORIR? –pregunté.

  –No, José. Es un tumor *low grade* y debe la situación solucionarse con remoción –me contestó con su voz cándida de siempre y con la calma que la caracteriza–. Ahora, José, debes ir a ver un oncólogo lo antes posible.

  Me recomendó uno. Debía llamarlo para verlo el martes después de ese fin de semana que yo esperaba con tanta ilusión para compartir con mi esposa y nuestro tesoro. Ya sería un fin de semana totalmente diferente a lo que yo quería. Se me nubló la vista. Me quedé sentado en el piso y me recosté de la pared como un niño pequeño que está triste. *Wow... la doctora de las buenas noticias me acaba de decir que tengo CÁNCER*. Para mí, esto fue un balde de agua fría. Fue una noticia que no sabía cómo asimilar; cómo iba a poder continuar con mi vida. No sabía si el ajetreo del trabajo sería lo suficiente para mantener mi mente despejada y no vivir angustiado.

    Tenía miedo a morir y que ese proceso fuese uno que me afectara emocionalmente, que me debilitara y no me permitiera luchar por mi vida. Tenía miedo a no encontrar una solución para este enemigo que llaman CÁNCER. Tenía miedo de no cumplir el sueño de ver a mi hijo crecer. Levanté mi rostro que todavía no tenía lágrimas. Vi a mi esposa serena y tranquila. Me comenzó a acariciar. Ese pequeño que me hace sentir el amor más puro estaba dormido tranquilamente en su cuarto. *Mi niño, vamos a luchar por ti, vamos a estar aquí para ti. A ti, Keila, voy a luchar para estar siempre junto a ti.*

    Me levanté con las pocas fuerzas que me quedaban y salí caminando lentamente del cuarto con el área abdominal totalmente descansando sobre mis caderas. Trataba de ver lo positivo del diagnóstico, que era un tumor *low grade* y no era tan malo dentro de todo. Pero cuando te acaban de decir que tienes CÁNCER, comprenderlo y asimilarlo no es nada fácil. La angustia se apoderaba de mí cada vez más. Las peores ideas batallaban para conquistar mi mente. *¿Viviré? ¿Qué hago con mi trabajo? ¿Cómo voy a salir de esto? ¿Qué voy a hacer con Mami? ¿Cómo ella reaccionará? ¿A quién se lo voy a decir? ¿Cómo lo voy a decir?* Por momentos, la presencia de Keila me volvía a tranquilizar ante tantas preguntas e ideas. Pero la mente volvía a atormentarme. *Pero por qué tengo cáncer si yo me alimento bien, me tomo mis vitaminas diariamente, hago ejercicios, me chequeo cada seis meses. Contra, me he cuidado toda la vida* *para que no me pasara algo así.* Poco a poco, me comenzó la frustración de la vida. Finalmente, me dormí. Ese sábado estaba más preocupado y angustiado que el día anterior. Para colmo, se registraron unos sismos que provocaron que corriéramos para salir de la casa durante las primeras horas de la mañana. Pasamos gran parte de la mañana con sillas de playa en la acera de la casa. Al final, posiblemente fue lo mejor que pudo haber ocurrido porque el estrés de los sismos no permitió que pensara constantemente en el tumor, ahora con nombre y apellido, poco común. Un estrés por otro. Contradictorio. Pero fue mi escape, mi tranquilizante aquel día.

    El sábado, cuando bajaba las escaleras de la casa, ya en la tranquilidad de haber pasado varias horas luego de los sismos, me dio con revisar si había grabado bien el número de teléfono del oncólogo que me recomendaron. Me percaté de una señal que para mí no fue coincidencia: cuando busqué el nombre del oncólogo me salió el contacto como que era el oncólogo de una jueza que conozco. Me quedé analizando. ¿Por qué ya lo tenía grabado así? Mi mente fue atrás en el tiempo hasta llegar al huracán María. Durante el 2017, semanas luego del paso del huracán, la jueza se comunicó conmigo para que yo le hiciera la gestión de coordinarle una cita médica con dicho oncólogo porque ella no tenía señal de telefonía donde residía. Al final del día, sin yo saber lo que me ocurriría dos años después de María, tendríamos el mismo oncólogo. Aquí empezó un camino para llegar al artista que conocí a través de la página de Internet y que sería el artífice del éxito de mi operación.

El martes, 17 de marzo de 2020, Keila y yo saldríamos por primera vez durante el *lockdown* para la cita con el oncólogo. Casi no había vehículos en las avenidas. Llegamos al Auxilio Mutuo en Hato Rey y comencé a pensar que, si entraba al multipisos, íbamos a estar en riesgo al tocar el botón de la máquina para sacar el *ticket*, tomar el ascensor, marcar el botón del piso, pagar el *ticket* en el cajero, intercambiar dinero con otra persona para pagarlo... una locura mental. Eran apenas varios días desde que decretaron el *lockdown* e imperaba el desconocimiento y la incertidumbre.

El estrés y el exceso de noticias en los medios de comunicación iban sin freno. Por eso, decidimos estacionarnos en la calle para evitar tener que entrar a un multipisos donde el riesgo de contagio era mayor. Fuimos responsables y así evitamos los puntos de contacto. Nosotros estábamos bien, pero bien claros de las precauciones que deberíamos tomar para darle la batalla a la COVID-19 y no ser una víctima más. Keila y yo nos bajamos de nuestra guagua como si fuéramos *GhostBusters*. Teníamos mascarillas, *goggles*, *hand sanitizer* y alcohol. Comenzamos a caminar hacia el hospital con estrés por los riesgos de la pandemia y más cuando veíamos personas que no tenían mascarillas. Aquí mi papá se apoderó de mis recuerdos. La última vez que yo vi a mi padre respirando fue un 7 de mayo de 1998, en un cuarto en el Hospital Auxilio Mutuo. Mi mente se remontó a ese momento, el más difícil que había vivido y que ahora parecía estar siendo superado. Ese día me fui de su habitación con la esperanza de que iba a ser dado de alta el próximo día, lo cual como ya saben no sucedió. Comencé a pensar: *la muerte está cerca otra vez. Estoy aquí otra vez en Auxilio Mutuo donde también falleció mi suegro antes de conocer al amor de mi vida.*

Mientras caminaba, Keila se pasó regañándome: "Mi amor, no te puedes tocar la cara, mi amor, no toques la mascarilla por el frente, mi amor, no te puedes quitar los *goggles*". Los dichosos *goggles* esos no me permitían ver bien. Lo mejor era hacerle caso a mi esposa. Ella entendía que los ojos debían estar bloqueados completamente de todo tipo de entrada de cualquier vientito porque había micropartículas de coronavirus por todas partes y podían pegarse al ojo. Así de intensa.

Llegamos al consultorio del oncólogo donde me entregaron el ya famoso cuestionario en un *clipboard*. Sepan que me dio "perse" tocar esos papeles, pero no había de otra. Pareja preparada: teníamos nuestro propio bolígrafo. ¿Pero qué pasó? Se me cayó el bolígrafo al piso. Keila me miró bien seria y con cara de que "este siempre la hace". Me puse hasta nervioso. Keila sacó su pote de alcohol y me desinfecté las manos. Fue un proceso estresante. Yo sacaba la tarjeta del plan médico con cuidado para que no se me cayera al suelo, la entregaba a la asistente del oncólogo y cuando me la devolvía la desinfectaba y la guardaba en la *wallet* con cuidado mientras Keila me supervisaba con su mirada en todo momento. ESTRÉS COVID-19.

Cuando me senté a esperar a que me llamaran, mi cerebro comenzó a recibir la señal del ESTRÉS CÁNCER. Nunca había estado en un oncólogo. Tenía mucha ansiedad sobre qué me diría. No sabía cuál sería el próximo paso para salir de esta crisis de salud. El terror: ¿recibiría radioterapia o quimioterapia? Todos los tabúes de la sociedad sobre cáncer comenzaron a cruzarse por mi mente. *Me voy a poner bien flaco. Me voy a ver desgastado por los efectos de los tratamientos. La gente notará que estoy enfermo.* Wow, comenzó esa guerra interna de cómo me voy a ver versus qué importa la apariencia si lo que necesitas y deseas es superar esto para VIVIR. Mi mente traía al recuerdo el término *"low grade"* para sentir segundos de calma y tranquilidad mientras esperaba. Finalmente, entramos al consultorio. El oncólogo comenzó a hacerme preguntas sobre el historial de mi familia, sobre los síntomas, mi estado de salud, etc. Mientras yo hablaba, él se ocupó de tomar notas en su computadora sin hacer ningún tipo de contacto visual. Parece que estoy bien fastidia'o y, otra vez, comenzaba esa angustia mental. La ansiedad se apoderaba de mi ser. Finalmente, el oncólogo se expresó.

–Es un cáncer *low grade*, así que no es tan malo. Generalmente, ese tipo de cáncer se resuelve con una remoción –me tranquilicé por unos segundos hasta que continuó–. El reto es removerlo porque está en el área cardiovascular donde están localizadas varias arterias. –En ese momento movió la pantalla de su computadora y con voz alentadora prosiguió–. Esta persona es el gurú para remover ese tipo de tumor. Yo hice mi internado en ese hospital en Houston, Texas. Si tú vas allá, vas a querer operarte allí porque ese doctor es una jodienda.

Mis ojos se iluminaron de emoción y esperanza, pero a la misma vez volví a tocar tierra firme cuando el oncólogo me dijo: "el reto es llegar a Houston con la pandemia". Otra vez, volvió la angustia a mi mente porque se me advirtió que, con la pandemia, los servicios médico-hospitalarios podían colapsar y se podía complicar poderme operar en los próximos meses. De todos modos, me exhortó a comenzar las gestiones desde ya. Me mencionó varios cirujanos cardiovasculares en Puerto Rico para que yo los considerara. "José, lo que sí es seguro es que esa masa te la tienen que remover; es del tamaño de la circunferencia de una taza grande de tomar café", y en ese momento el oncólogo levantó su taza para demostrarme lo que me decía y entendiera que era una masa grande.

Saliendo de la oficina del oncólogo, mi mente se fue a soñar con llegar a Houston al encuentro de ese doctor que, a partir de ese momento, se convirtió en mi ídolo. "Mi amor, quiero ir para Houston". No recibí contestación de Keila. Solo una mirada, serena, pero que no expresaba seguridad de que íbamos a poder ir. Comencé a calcular en mi mente cuánto dinero yo tenía en mis cuentas de ahorro, cuentas IRA, los límites de las tarjetas de crédito y a identificar personas a quienes les podía solicitar préstamos. En fin, calcular con cuánto dinero contaba para embarcarme en ese viaje en busca de mi salvación. Tenía mucha ilusión con el consejo del oncólogo como si fuese para un *Euro Trip*.

Me fui a hacer los laboratorios y un estudio denominado *octreoscan* para determinar que no hubiese metástasis. Tengo que decir que esto está fuerte. O sea, salí de la oficina del oncólogo quien me recomendó hacerme unos exámenes para descartar metástasis. La tormenta ahora subió de categoría en mí provocando mayor ansiedad y temores que no tenía. *¿Y si tengo el cáncer regado* en todo mi cuerpo? ¿Me podré sanar? ¿La molestia que tengo en la espalda baja, que he pensado que se debe a una mala postura, se deberá a que se regó el cáncer a la espalda? Si antes me sentía que por momentos perdía las fuerzas ante el miedo que se apoderaba de mí, ahora era más intenso el temor de perderlo todo, absolutamente todo.

Coordiné la cita desde casa, para lo cual era necesario tener preautorización del plan médico. La espera fue de dos o tres semanas, primero para obtener la preautorización del plan médico y segundo porque debido a los protocolos por la COVID-19, los espacios para las citas eran con menos frecuencia. Todo estaba cambiando en la sociedad por la pandemia. No era tan fácil como antes obtener una cita médica y que te atendieran con rapidez por teléfono, porque muches empleades estaban trabajando remoto. Al final del día, nunca entendí en qué consistió la preautorización del plan. ¡Tuve que pagar $2,000 con un tarjetazo! Tengo que decir que estaba preparado mentalmente para el costo, pues el oncólogo me lo advirtió. Además, lo menos que me preocupaba era el costo, así tuviera que entregar la casa al banco. Quería VIVIR y saber con qué mal tenía que batallar.

Fui a la cita solo, con todo el equipo de *GhostBuster*. La oficina era oscura. Se percibía un ambiente de tensión, pues todes les que estábamos allí íbamos para determinar si había células cancerosas en otras partes de nuestro cuerpo. Algunes de les pacientes tenían los efectos de los tratamientos en su cuerpo de manera visible. Mi mente se inundó de temores: ¿Qué pasará con mi cuerpo? ¿Perderé peso? ¿Me debilitaré con la quimioterapia? ¿Podré con la batalla? Me inyectaron otra vez la tinta roja en el antebrazo para que se regara por el cuerpo y poder hacer el examen de contraste. Ya mi brazo se comenzaba a acostumbrar a recibir el jugo de fresa por sus venas. Yo, en mi ignorancia, pregunté: "¿Cuándo comenzamos el examen?". Y me dijo la asistente: "En unas dos horas". Mis ojos se brotaron: "¿QUÉ?". Tenía que esperar dos horas en lo que el jugo de fresa hacía su efecto en el cuerpo. *¿Qué voy a hacer durante dos horas con una pandemia encima?* Me fui a dar una vuelta en el carro con el suero ese en el antebrazo. Oye, no había muchas opciones, por no decir ninguna, más allá de estar dando vueltas en el carro por el área metropolitana y leer. Además, no iba a poder hacer mucho con el brazo intervenido. Terminé el estudio y me despedí para esperar a que me llamaran para recoger los resultados.

—Nos vemos mañana.

—¿¿¿Qué???

—Caballero, lo que sucede es que el estudio es de dos días.

Llegué a casa para cumplir con el protocolo de quitarme la ropa y los zapatos, entrar a la casa, bañarme y bajar a contarle a mi esposa. Al otro día, volví a salir de casa con mi ropa y todo el equipo de *GhostBuster* para terminar la segunda parte del estudio. Mientras esperaba los resultados del *octreoscan*, mis rezos de por la noche mirando al cielo desde el ventanal del cuarto continuaban, ahora pidiéndole a Dios que no hubiera metástasis en mi cuerpo y sobre todo que me diera paz, sosiego y fortaleza mental para luchar con lo que viniera; que no me dejara solo porque necesitaba sentirlo dentro de mí para no desplomarme. En ciertos momentos, me cuestionaba si esto me estaba sucediendo porque yo había obrado mal en algún momento de mi vida y era un castigo, pero me rehusaba a pensar que eso era el porqué de mi situación de salud. Tomaba otra vez control de mi mente para decirme: *voy a estar bien; sanaré porque soy un hombre de fe; alguna razón de peso existe para esto, de la cual aprenderé y creceré para ser un mejor ser humano.* Ese cuestionamiento interno era constante y me agobiaba cuando estaba en momentos de soledad. *¿Qué va a suceder conmigo?*

Finalmente, pasaron varios días y fui a buscar mis resultados. Los resultados tenían un error en mi fecha de nacimiento así que pasé al área de administración para hacer la corrección. Claro, no sin antes abrir el sobre de manera desesperada y ver que todo estaba bajo control. Los resultados validaron que solamente tenía el tumor canceroso en el timo. Un caballero se identificó como el gerente del centro de estudios y yo, que tenía la curiosidad a millón por haber pagado $2,000, le pregunté cuál plan médico cubría ese estudio. Me respondió solamente el nombre de un plan médico el cual me voy a reservar. No podía creer que un estudio tan importante y costoso no fuera cubierto por la mayoría de los planes médicos en Puerto Rico.

—Espérate, espérate... si la persona no tiene los recursos, ¿cómo se sufraga este estudio? ¿Cómo la persona sabe si se le regó el cáncer en otra parte del cuerpo?

—Pues, no se lo puede hacer y comienza a recibir su tratamiento contra el cáncer en ciertos casos a ciegas porque no se sabe si se le regó a otra parte del cuerpo.

Muchas veces se enteran durante el tratamiento porque no se pudieron hacer un *octreoscan*.

Y no solo eso, sino que ese estudio casi nadie lo hace en Puerto Rico porque es muy costoso. Para colmo de los colmos, el estudio que se hace aquí no es la última tecnología en el mercado de la salud como en Estados Unidos, donde hay otros fármacos que no están disponibles en nuestro país. ¡Cuán inverosímil es todo esto! Un estudio que es esencial en la vida de una persona diagnosticada con cáncer, un estudio del cual depende su vida, no es asequible para todes. Comencé a analizar y a concluir que los servicios médicos no son los óptimos en muchas áreas y más en este tipo de enfermedad catastrófica. Tomé la decisión de agotar todas las evaluaciones médicas y opiniones de especialistas para sentirme seguro de que el próximo paso para trabajar con mi tumor fuese uno informado. Visité otros tres oncólogos y cirujanos cardiovasculares para buscar el mejor tratamiento médico. Sabía que me iba a armar de paciencia. Lucharía por mi vida con la mayor determinación posible.

I

9 de marzo de 2020

No solo somos capaces de desconectarnos de nuestra fe. Somos capaces de algo incluso más ilógico: desconectarnos de nosotros mismos. Antes de escribir estas líneas, reflexionaba con Wanda sobre ese cuento de Barbazul que ha sido contado de mujer a mujer, generación tras generación, advirtiéndonos que todas tenemos un depredador interno en nuestra psique; un depredador que se pone de acuerdo con los depredadores externos para aniquilarnos poco a poco. En el cuento, la mujer se atrevió a usar la llavecita prestada pero prohibida, a entrar a ese único cuarto al que Barbazul le había vedado la entrada. Vio los cadáveres. Entonces, la llavecita que debía devolver a Barbazul no paraba de sangrar. Ya la mujer había visto; ya no podía ignorar la verdad. La hemorragia de esa pequeña llave no se lo permitiría. Barbazul regresó, se percató de dicho "atrevimiento" y la sentenció a muerte, como a todas sus esposas anteriores coleccionadas en aquel cuarto lleno de esqueletos, de esos huesos que tantas historias asocian con la esencia indestructible de nuestro ser.

A lo largo de mi vida, esa llavecita ha ido sangrando sin parar, desparramando mi energía vital y creativa con la velocidad de un gotero, como dándome la oportunidad. He ignorado mi instinto en innumerables ocasiones, por exagerar en lo cognitiva. Siempre sobreanalizándolo todo, sin dejarme llevar por la belleza de lo simple y lo natural. No voy a hacer un inventario aquí. De hecho, apenas tengo idea de qué estoy escribiendo y hacia dónde voy, pero sí hay una llave ignorada que no puedo dejar de mencionar y que marcó mi consciencia: *You never quit on your music.*

Con esas palabras, mi hermano mayor me tatuó el espíritu. Siempre tuve una conexión especial con él. Mi hermana mayor maternaba a mi hermanita. Entonces, mis celos: *ah pues Danny y yo tenemos nuestro club exclusivo también*. Mientras mis tías abuelas me cuidaban en mi etapa preescolar al otro lado del río, se me desaparecían los minutos asomada por la ventana, mirando hacia nuestra casa y escuchando a mi hermano tocar guitarra eléctrica acompañando aquellas bandas de *rock* con hombres de pelo largo. Fue él quien creyó en mi voz desde niña. Mi necesidad inconsciente de aprobación suya era tal, que cuando él llegaba de Mayagüez los fines de semana, yo no me atrevía a chuparme el dedo. Y lo había decepcionado. Dejé mi banda de *rock* (sí... tuve una banda de *rock* de verdad). Dejé el Coro de la Universidad de Puerto Rico. Dejé la Coral Filarmónica de San Juan. Dejé el piano. Dejé la guitarra (instrumento que hace unos meses él me regaló, de nuevo, con esperanza). Todo porque entendía que debía dirigir todas mis energías al Derecho, para poder servir mi máximo a la sociedad; porque entendía que haber disfrutado de la música había sido un privilegio que debía agradecer y dejar atrás. Yo creo que por eso lloré tanto cuando vi la película *Bohemian Rhapsody*, en la parte en que Freddie Mercury compone esa canción. *¿Por dónde estará flotando mi musa?*

Estudiar Derecho es bastante desgarrador. Requiere una vocación clara e intensa. La cantidad de páginas que tienes que leer por día cierra el paso a cualquier tipo de vida normal, si es que uno desea meterle y sobresalir. Y yo le metí con todo. Poco a poco, fui cediendo mi identidad a ese temor del *In re*, entiéndase, el proceso disciplinario por alguna falta ética. No porque fuera la persona más antiética del mundo, sino porque a les abogades, y también a les jueces, se nos prohíbe hasta la mera apariencia de conducta impropia en nuestra vida privada. Cero fotos jangueando. Menos tarima. Menos música. Menos redes sociales. Censura. Todavía se me aprieta el estómago cuando recuerdo aquella seminarista que nos comentó a les jueces de nuevo nombramiento con toda naturalidad que ya no podíamos usar pantalones cortos ni pantalones rotos. ¿Cómo? *Me quedé sin pantalones.* Unos meses después de juramentar al cargo, sancionarían a un compañero juez por unas expresiones que hizo en *Facebook*. El Tribunal Supremo expresó en su dictamen que "no debe sorprender a nadie que la labor judicial implique necesariamente la renuncia a ciertas libertades, en especial, en el ámbito de la libertad de expresión". Y yo, despidiéndome de aquella vocación por el poder de la palabra que juré que me definía. Desvistiéndome. Desgarrándome. Mi llave sangró.

Habiendo dejado mi creatividad atrás, teniendo censurada mi voz que antes se caracterizaba por gritarlo todo -cualidad precisa por la cual me declararon abogada desde antes de entrar a la escuela primaria y por la cual mi sabio padre me entrenó como parlamentarista y oradora-, ¿qué posible identidad logra una mantener? Siempre he bromeado con que, si no expresas tus emociones, sufrirás estreñimiento emocional. ¿Y qué nos da si suprimimos nuestra identidad? Me viene a la mente la somatización, concepto recién aprendido. Puedo identificar múltiples consecuencias de esta supresión en mi cuerpo, pero me resuena con más intensidad una que acabo de pensar posible: la somatización vicaria a través de Noé Martín.

La mezcla de licencia de maternidad, vacaciones y receso navideño nos ayudó a prolongar el comienzo de Noé Martín en su cuido a sus seis meses. Lo habíamos matriculado antes de que naciera. No vimos tantísimas opciones. Nos dejamos llevar por las recomendaciones que varias personas nos habían hecho: es el mejor cuido en Dorado, les padres matriculan a les niñes antes de nacer porque los espacios se llenan. Llamamos para sacar cita. Me llamó quien sería su maestra, y a quien aún apreciamos. Durante nuestra corta conversación, hizo uno de esos comentarios para nada malintencionados que te taladran el alma. "A nosotros nos emociona ver cómo van creciendo y aprendiendo, porque usted sabe, ellos se crían aquí". *Ellos se crían aquí... Ellos se críííaaan aaaquííí...* Mis ojos se inundaron de lágrimas. No quise pensar. Me refugié en que no teníamos otra opción; no teníamos una alternativa de cuido entre nuestros familiares; que no, que las abuelas no cualificaban por distintas y variadas razones.

Cuando fuimos a ver las facilidades del cuido, no hice más que bajarme de la guagua y se me apretó el pecho con frío. No habíamos llegado a la puerta del cuido cuando esos primeros segundos de silencio y paz fueron interrumpidos por el llanto de un bebé. Sé que miré a Marido con los ojos bien abiertos, tan redondos como mi barriga, pero flui. El bebé se calmó. Nos enseñaron los distintos salones. Les *toddlers* se veían felices. Pero vi. Vi que el salón de les bebés era diminuto. Vi que eran muches bebés para pocas maestras. Vi y me hice la ciega. No teníamos otra opción. Mi llave sangraba.

¡Cuánto sufrí antes y después de parir con el libreto ese que tanto me repitieron! "¿Quién te lo va a cuidar? ¿¡Cuido!? ¡Ay, bendito! ¡Tanto que se enferman en los cuidos! Yo tuve la suerte de que mi mamá me cuidó los míos. ¿Su mamá no se lo puede cuidar? ¿¡Ni la mamá de él!?"

No se va a enfermar, me repetía en silencio fingiendo serenidad. *No se va a enfermar porque es lactado y les bebés lactados no se enferman.* En un periodo menor a dos meses, le dio lo que aparentó ser bronquiolitis, tres veces. Llegó a recibir cinco terapias respiratorias al día, que luego de un largo rato restringiéndole mientras lloraba y peleaba con la máquina, le provocaban una explosión de energía opuesta a nuestro desgaste físico. Malabares entre Marido y yo para ir al pediatra, para quedarnos con él... Este día falto yo, este día faltas tú. "¿Pero no tienen quién se lo cuide?" ¡Puñales, que no!

Noé Martín se recuperaba, regresaba al cuido y recaía. Yo, por mi parte, me mantenía en el intento de convencerme de que eso era normal. Mi llave sangraba.

Marido lo llevaba por las mañanas y yo lo recogía por las tardes. Ignoraba la ansiedad que me invadía cuando estaba por llegar, cuando me bajaba de la guagua... *¿Cómo lo encontraré? Por favor, que no esté llorando, que no sea testigo de algún tipo de negligencia o maltrato.* Caminaba en silencio hacia la ventana, me asomaba y luego anunciaba mi presencia. Ojo: la ventana estaba al lado de la puerta de entrada. Tampoco es como que estaba escalando un alero o algo así. Nunca lo encontré llorando. Pero sí lo encontré amarrado al *swing* o reclamando atención desde su corral. Nunca lo encontré libre. Él, que pasaba todo el día en casa sin ningún tipo de restricción. Mi llave sangraba.

Marido salía con Noé Martín para el cuido a eso de las 6:30 a. m. Yo terminaba llegando a casa con nuestro bebé a las 6:20 p. m., como temprano. A las 7:00 p. m. lo bañábamos. Cerca de las 8:30 p. m., se dormía. Así, los días de veinticuatro horas se reducían a menos de tres horas interactuando con nuestro bebé. Todavía no gateaba. Mi llave sangraba, pero yo me dejaba desangrar pues "no teníamos otra opción".

"Juez, no deje a su hijo donde no está satisfecha", me abofeteó -metafóricamente, obvio- una de mis compañeras secretarias. Me sentencié la peor madre del mundo. Otra de mis colegas me pasó la manita. Me contó que le pasó lo mismo con su hijo, y que lo había matriculado en este cuido en Toa Baja donde no creen en corrales, ni *swings*, ni sillas altas; donde creen en la libertad de movimiento; donde dan terapias. ¡*Entonces, existe*! Ese mismo jueves, el último de febrero, coordiné visitas a otros dos cuidos que nos quedaban algo cerca, más la cita en el cuido original para discutir lo que sea que decidiéramos discutir. Lo notifiqué a Marido temprano en la tarde y él hizo todos los arreglos necesarios para decir presente. Él buscó a Noé Martín. Visitamos los dos cuidos con él. Dialogamos. Noé Martín nos comunicó su posición a su manera y terminamos nuestra ruta con la cita de despedida en el cuido original. El próximo lunes, el primero de marzo, glorioso marzo de 2020, Noé Martín comenzaría en su nuevo centro de cuido, donde solo admitían cuatro bebés y tenían siempre mínimo dos maestras. Mi depredador interno me decía que estaba a lo loco, que cómo tan temprano empezaba a crearle inestabilidad a mi bebé. Pero confié, recibiendo de nuevo la bofetada de la compañera secretaria. Seguí mi intuición; mi Vasalissa.

Luego de tanto esfuerzo, di por terminada la semana. Solo nos quedaría disfrutar el sábado siguiente de un taller al cual nos matriculamos los tres. Sería nuestra primera actividad compartiendo con otras familias de similar composición. Aprenderíamos sobre alimentación complementaria, neurodesarrollo y demás. Yo estaba emocionada. Nos esperaba un nuevo comienzo con mucha cosa buena.

Viernes.

Otra vez, viernes.

Encontré a Marido parado frente a la isla de la cocina, mirando algo. Era la placa de pecho que le había recomendado el generalista al cual fue por sugerencia de la pediatra de Noé para descartar aquella amenaza de influenza. "Me salió esto". Yo que tanto busqué al principio, y helo ahí: su esqueleto; su enorme y fuerte caja torácica. Al lado izquierdo del esternón, cerca de donde reside su corazón, se veía una bola blanca, redonda, gigantesca a mi juicio. Primer esqueleto en mi vida que me paralizaba de miedo. No reaccioné. Mi audición detectó hueco. Los ruidos se opacaron. Me echaron la última pala de tierra encima. Mi audición se convirtió en un pitido como el de las películas de guerra luego de una explosión que zarandea y confunde al protagonista. Sacudí mi cabeza y comencé a fregar. Él me explicó que tenía que hacerse un CT scan. Hablamos sobre el proceso de sacar esa cita y ahí quedó el tema. Yo me esforzaba por parpadear, como hipnotizada.

    Fuimos al taller. La pasamos espectacular. Noé Martín comenzó en su nuevo cuido. Marido se hizo el CT scan. Fuimos a la cita con el doctor para discutir los resultados. Nos regañó: "¿Tú te encontraste una bola de nueve centímetros en el pecho y fuiste a un *mall* a hacerte el CT scan?". El CT scan era una porquería. De inmediato, programó una biopsia para el segundo lunes de marzo, último lunes precuarentena. Informé en el trabajo que tendría que faltar, sin esperar respuesta, y con poca preocupación sobre quién me sustituiría. Que breguen. Noé Martín me dijo que todo estaba e iba a estar bien; me lo dijo empezando a gatear en su primera semana en cuido nuevo. Lloré.

    Llegó el 9 de marzo de 2020. Mami se me pegó del corazón. ¿Entonces así debe haberse sentido acompañar a Papi en su proceso? Viví la incomodidad, el tedio, la ansiedad, la expectativa, el miedo, la compasión, la tristeza. Nunca había entendido cuánto debió haber sufrido ella. Todos nos concentramos en que Papi se nos estaba muriendo y no nos dimos cuenta de que a Mami se le iba la vida. Temí el sufrimiento que seguro me esperaba. Me pregunté si yo lograría ser fuerte y reconocí la fortaleza de mi madre, creo que por primera vez. Digo por primera vez porque ella siempre llora. Hoy sé que llorar es de fuertes.

A lo largo de estas líneas, he tenido muchas dudas sobre por qué escribo. *¿Publicaré esto o no? ¿Para qué? ¿Para quién?* Lo que sí he tenido claro es que estas letras, estos espacios, están siendo la medicina para este corazón. Me preocupaba llegar a este momento. *¿Cómo abordaré la relación con Mami?* Ahora lo veo claro: esto es mi verdadera reconciliación con ella. Después de todo, aquel superhéroe 4x4 con título apodado Juango y aquella joven alma vieja hecha de mar y luz que me recordó que el amor es un estilo de vida, me habían hecho justo esta recomendación: escribirle.

Mami, no te asustes que te amo; lee hasta el final.

Tuve una infancia maravillosa, unos padres excelentes. Imagínense: dos maestros con un horario ocho a tres que me bendecía con la presencia de ambos. Mi tiempo se dividía en tiempo de escuela y tiempo de familia, sin baches (sin baches metafóricos porque sí llegaba de la escuela embachada los días de lluvia). Sin embargo, de alguna manera, aun con todas las circunstancias a mi favor, descubrí heriditas que programaron mi personalidad. En resumen, me descubrí siendo adicta a la validación.

Todo el descubrimiento comenzó con mi embarazo. Desde antes de parir a Noé Martín, detecté cierta aspereza con Mami y me propuse resolverla antes de que él naciera o al menos lo más pronto posible. ¿De dónde surgía? Poco a poco, mediante un proceso de reflexión incómodo, identifiqué la génesis, o varias génesis si eso es posible: empezando por el hecho de que fui la tercera de cuatro hijos, la que recibió una maternidad curada de espanto y de emoción, la que coleccionaba Aes para recibir atención, hasta la realidad de que Mami quería que yo fuera nene, al punto de seguir verbalizándolo décadas después. Y la decepcioné desde antes de respirar. "Mira cómo es la vida: yo quería un nene, no se me dio y ahora me lo vas a dar tú con ese nieto que me vas a parir". Mi inconsciente me explicaba por qué yo no tenía fotos de recién nacida; ni siquiera tenía fotos en los brazos de Mami. Por qué estuve más de treinta años sin saber a qué hora nací ni los detalles de mi proceso de nacimiento; preguntaba y de manera habilidosa me quedaba sin respuesta. Cuando al fin insistí, me enteré de que nací en algún momento de la mañana; esa madrugada dieron una parranda en casa, Mami fue al baño, vio que estaba sangrando, tranquila, se limpió, siguió tocando güiro y esperó a que todos se fueran para entonces ir al hospital. Mi primera reacción como embarazada primeriza fue pensar que, tal vez, en lo profundo de su ser, en su subconsciente, sin culpa, anheló en ese momento otro desenlace.

Yo razonaba que chocábamos porque éramos parecidas, pero no. Yo era todo de lo que ella deseaba y a la misma vez no era lo que ella deseó. Ni hablar de esos instantes eternos donde se dicen dagas filosas que luego no se desentierran del corazón. Frasecitas que recibí y no lograba borrar de mi mente. Frasecitas que pronuncié y nunca lograré borrar.

¿Qué mueve a las personas a herir? ¿Cuál es el objetivo? ¿De qué se quieren vengar? ¿Qué ganan? ¿Cómo lo deciden? ¿Cómo lo planifican? Nunca se me ha hecho fácil asimilar la capacidad de dañar que tiene el ser humano. No fue hasta hace poco que la vida me proveyó -o que estuve dispuesta a escuchar a- les maestres para comprender que la gente da lo que tiene. Mami tenía heridas profundas y dolorosas. Mami siempre nos dio y nos ha dado lo mejor de sí. No fue hasta hace poco que asimilé que debió haber tenido una infancia dura; que sin darse cuenta estaba replicando patrones en nosotros, como la tendencia al favoritismo y la comparación. No fue hasta hace poco que logré verla, cuando caí en cuenta de que ella me parió a mí a la misma edad que yo parí a Noé Martín. No fue hasta hace poco que logré verme en ella. Incluso, me he sorprendido examinándome las manos como Roquentin y encontrando en ellas las suyas. ¿Acaso no la he herido también yo? ¿...a ella y todes les demás? Sin intención, desde mis heridas no identificadas, pero sí; yo también he halado el gatillo y corresponde pedir perdón.

Entonces, desesperada, quise recompensar. Quería ayudarle a sanar. Quería coger a su niña interior al hombro. Quería lograr que dejara de llorar. Al final, aprendí que la fuerte era ella; que ella estaba adelante en esa gestión de dar presencia a las emociones (aunque yo entendiera que se quedaba estancada en ellas pues se niega a buscar ayuda profesional). Fui atando puntos hasta que la vida me susurró al oído: chakras... mantras... musicoterapia. ¡Musicoterapia! Coordiné con mis hermanos para regalarle un nuevo piano. Le hice un canal de *YouTube* que la motivó muchísimo. Pero ella me dio el jaque mate. De la nada, me llamó emocionada: que quería regalarnos un *healing drum*. ¿Cómo? ¿Mami recomendándome algo espiritual? Los planetas se alinearon y me demostraron que yo siempre estuve equivocada: mi música no era un lujo; mi música podía ser también una manera concreta y eficiente de salvar al mundo. ¡La podía recuperar! ¡Y Mami me iba a regalar el primer instrumento para ello!

Retomaría mi lado creativo y resucitaría mi identidad más allá de la palabra. Pero más allá de eso, el regalo más grande fue comprender que esa persona que al principio responsabilicé como el origen de todas mis inseguridades ahora me estaba sanando. Esa persona que pasó por lo que yo comenzaba a vivir me estaba dando herramientas para mantenerme a flote. Esa persona, que abandonó su hogar para ser la niñera de nuestras veintinueve palmas de la abundancia y nuestros dos perros, siempre fue mi soporte, aunque por ciertos momentos no lograra reconocerlo. Esa persona fue la que me enseñó a leer y escribir, quien me regaló el don de la palabra, condición *sine qua non* para convertirme en comunicadora y estar hoy aquí escribiendo estas líneas. Mi primer recuerdo se compone de la imagen de una pizarra verde colgada del portón frente de nuestra casa, mi mano escribiendo la letra A y los diez o doce pasos que di corriendo hacia Mami para avisarle mi logro con orgullo. Reconecté con mi identidad, con mi lado más genuino, con mi humildad. Yo no me las sabía todas. *Momma knows best.*

No es un secreto que fui y soy la nena de Papi. Papi para mí es el Universo entero, la sabiduría, la nobleza, la eternidad. Crecí admirando tanto el ser humano que él era que no me percaté de todas las virtudes de mi mamá. Papi estaba claro. Él, en su esencia pura de alegría y amor, se enamoró de ella. La escogió a ella, con todo su ser. Por algo fue. Ellos se complementaban de manera perfecta y lograban un balance más que armonioso en nuestro hogar. Una vez Papi falleció, el fiel se rompió, así como los platos de la balanza. Yo no estaba lista para su "ausencia"; decidí mantenerlo presente a como diera lugar. Rebusqué por su cuarto, por los anaqueles de la casa. Rescaté todos sus libros con el plan de escudriñarlos en busca de mensajes suyos para mí; de esas lecciones que nos daba con toda su profundidad espontánea. Empecé con *El monje que vendió su Ferrari*, libro que siempre me recomendó cuando yo estudiaba Derecho y que yo nunca leí. Casi me desplomo cuando leí que el protagonista, ese abogado exitosísimo, también había ignorado las lecturas recomendadas por su padre. Absorbí toda esa espiritualidad hasta convencerme de que Papi está en todas partes. Nada se destruye, todo se transforma. Creí que esa primera lectura había cumplido su propósito de abrirme las puertas para la expansión de mi espíritu. Escribiendo estas líneas comienzo a comprender que tal vez el destino era este: estar aquí sentada, escribiendo, dándome cuenta de los propósitos de cada experiencia, cuestionándome todo, para lograr vivir mejor.

Y el cuestionamiento, la hemorragia de mi llave, se intensificó de inmediato. Mi Marido tenía una pelota en ese esqueleto que yo tanto busqué. Mi llave sangraba. Yo sabía lo que podía ser eso. Eso seguro era cáncer. Eso seguro era cáncer. Eso seguro es cáncer. Mi llave sangraba. En ese primer momento, sentimos encima el apocalipsis. Imaginamos todo lo peor. La noche antes de regresar a Puerto Rico luego de las veintisiete radioterapias, luego de la cirugía, luego de todo el amor recibido, luego de nuestra hermosa etapa en Texas, nos sentamos en el balcón de nuestro luminoso apartamento con vista a las luces de Belaire. Nos reímos. ¿Hubiéramos sufrido tanto si hubiéramos sabido que todo iba a salir tan bien? ¿Hubiéramos sufrido tanto si hubiéramos confiado? Marido afirma, y yo coincido, que el 2020 fue el año más difícil de nuestras vidas, pero también el año en que más calidad de vida hemos tenido; el año en que más amor hemos recibido de la gente esperada y la inesperada; el año en que soltamos el control, o más bien entendimos que no existe, nos agarramos de la fe y de la confianza en que el Universo nos sostiene, y vimos cómo todo se desenvolvió nuestro favor. Milagro. Juraría que escuchaba un concierto de la orquesta sinfónica de fondo. En ese balcón, con esa vista nocturna hermosa y con el pecho cosquilloso de dicha, mirando ese faro lejano en el tope de un rascacielos ubicado en el centro de nuestro paisaje, supe que tenía que escribir esto, así, de atrás pa'lante o más bien de a'lante pa'trás.

En aquel lejano primer momento de marzo, sentimos encima el apocalipsis. Imaginamos todo lo peor. Mi Marido *podía* morir. Mi llave sangraba. Mi Marido *va* a morir. Es una realidad. Yo me voy a morir. Noé Martín se va a morir. Todos vamos a morir. Nuestras llaves sangran. ¿Qué vida queremos vivir mientras?

Mi esposa les acaba de relatar cómo fue ese proceso tan difícil para ambos, pero sinceramente más para ella como madre de nuestro Noé: delegar ese rol de crianza en un centro de cuido. Eso es lo que provoca nuestra sociedad capitalista y los roles que nos impone el sistema de que para tener calidad de vida, papá y mamá tienen que generar ganancias.

Mi rol con Noé viene de cómo fue mi formación de niño y la relación con mi padre. Mi papá fue una persona muy especial en mi vida. Teníamos una relación bastante cercana, a pesar de la amplia diferencia de edad. Imagínense todes en la escuela: "Martín, llegó tu abuelo". Y yo refutando: "ese no es mi abuelo; es mi papá". Sin embargo, nunca sentí ningún tipo de complejo por eso. Cuando nací en el 1973, mi papa tenía 55 años y Mami estaba en los 35, así que Papi le llevaba casi veinte años. Creo que ya yo se los había dicho. O sea, mi mamá tenía la misma edad de mi hermano mayor; ellos nacieron en el mismo año. Aunque Papi era bastante mayor, siempre estuvo en mi vida desde pequeño, iba a mi casa a diario a compartir conmigo, sin importar que ya no tenía absolutamente nada con mi madre, salvo una amistad de mucho respeto. Él compartía conmigo, se preocupaba por mí, me compraba ropa, juguetes, salíamos a compartir. Él era un ser espectacular. Mi papá era el que iba a la escuela a buscar mis notas y hablar con las maestras. Papi fue el que tuvo la idea de ponerme *braces*. Mami no se preocupaba por esos detalles, ya sea porque no tenía el tiempo o no estaba en su forma de ser. Además, estaba muy ocupada en su trabajo. Yo creo que como ella sabía que Papi podía ejercer ese rol tan activo en mi vida, pues ella lo dejaba en él porque él sí tenía todo el tiempo del mundo al estar retirado.

A pesar de que mi papá se preocupaba por mí, carecí de unas cosas que generalmente uno hace con su padre. No hice actividades deportivas con él, como tradicionalmente suele ocurrir. Yo no era como mis amigos que iban con sus padres a jugar baloncesto, pelota. Así que no practiqué deportes en mi niñez y adolescencia. Además, debo decir que yo no tenía la mejor condición física para hacer algún tipo de deporte, pues era gordito. Cuando Papi murió, yo tenía veinticuatro años. No estaba preparado para verlo partir. Siempre he sentido que ese rol de tener padre se quedó inconcluso en mí porque hubo cosas que yo no pude hacer con mi papá de niño, joven y adulto profesional.

Así que yo sabía que cuando yo tuviese mi hije yo quería y quiero estar en su vida en doscientos por ciento para sentir lo que es la paternidad. Oye, no es cuestión de meter y ya, poner el esperma y tener un bebé. Es cuestión de criar, de formar la paternidad. Es criar. Es ver cómo ese ser humano va creciendo, se va desarrollando, va cambiando en sus distintas etapas y cómo te ve a ti como su ídolo y figura paterna. Y cómo tú le enseñas a ser una persona productiva en la sociedad. Le enseñas a correr bicicleta, escribir, nadar. Esas son las cosas que realmente uno como padre o madre debe buscar. Yo quiero que mi hije tenga las cosas que yo no tuve, que tengan más de lo que yo tuve como hijo, porque no es justo no disfrutar de la paternidad tanto para uno como para él o ella. Yo estaba muy claro que yo quería ser un padre presente. Yo siempre estuve presente en el desarrollo de ese embarazo con mi esposa, lo que es la gestación, en el embarazo y el parto. Bueno, tuve el primer contacto con nuestro hijo al momento de nacer, porque como ya Keila les contó: él no lloró. Siempre he tenido mucha participación en su vida. Pienso que esa ha sido la mejor manera en que le he estado manifestando mi amor; siendo un padre presente. Nunca he tenido miedo a estar solo con él, excepto posiblemente al principio para cambiarle los primeros pañales y cuando Keila regresó a trabajar llegando el primer día de su *comeback* laboral casi a las doce de la medianoche. Créanme que, cuando estoy solo con él y llora, me fajo para resolver la situación y no salgo corriendo –MI AMOR, NO PUEDO... NECESITO TU AYUDA–. Yo doy la guerra. Me quedo con él. No sé si es porque soy competitivo. Ella es la que va donde mí y me pregunta: "¿Todo bien, mi amor? Si quieres, tráemelo". Así fluyen nuestras vidas.

Cuando Noé comenzó en el cuido, yo lo llevaba en la mañanas y Keila lo recogía en las tardes. Era una dinámica de mucha participación de los dos. Montarlo en el carro, en el *car seat*, era y continúa siendo intenso. Nuestro hijo comenzó a enfermarse con bronquiolitis con bastante frecuencia. Tuvimos que llevarlo a sus citas. Keila no podía estar faltando todo el tiempo al trabajo por lo que nos organizamos para yo también llevarlo a la pediatra. Yo lo llevaba a sus citas, a las vacunas. Era un momento difícil porque estaba enfermo, pero estaba presente en su vida como padre. En la sala de espera, yo le daba su bibí ya preparado con leche materna, le sacaba sus gases, cambiaba sus pañales. Nunca fue incómodo para mí. Al contrario, me sentía como pez en el agua. Es mi hijo y me sentía en control. La sociedad establece como lo normal que mamá es la que siempre lleva a los niños o niñas a las citas médicas o que papá la acompaña, pero yo no tenía problemas con eso y había decidido que yo tendría un rol activo en su vida.

Un fin de semana, Keila y yo decidimos tener una cena romántica en nuestra casa. Escogimos de menú *sushi*. Ordenamos una buena variedad: *eal & avocado, fresh salmon, spicy crab, dorado beach, volcano...* entre vino y vino con nuestro *sushi* y cargando a nuestro hijo tuvimos nuestra velada en el *counter* de la cocina. El domingo, yo no podía con mi vida. Me levanté con vómitos y diarreas. Pensé: ¡*el sushi me chavó!* Pero no sabía por qué. Nunca me había pasado algo así con *sushi*. Dicen que cuando pasan los años el cuerpo cambia y tienes reacciones que nunca a lo mejor te habían pasado... En otras palabras, ¡achaques por la edad! Hasta vomité en la acera de la casa. El lunes me quedé en casa recuperándome y regresé a mi vida normal el martes. Seguíamos con las citas médicas de Noé por lo de la bronquiolitis. Luego de una semana, otra vez comencé a sentirme mal con fiebre y tos. Me pregunté: *¿tendré que ir al médico?*

Durante una de las citas de Noé, la pediatra me miró medio sorprendida

–¿Papá, tú estás enfermo? –Y yo, con las muelas de atrás–. Bueno tengo un poco de fiebre y vomité hace unos días.

Y en ese momento, pensé que ella estaría diciendo "QUÉ PADRE IRRESPONSABLE".

—Creo que te debes hacer la prueba de la influenza ya que puedes estar enfermo y afectar al bebé.

Llegaron los resultados y fueron negativos. Seguí mi rutina diaria, pero me seguía sintiendo raro. No me sentía bien y continuaba con fiebre. Decidí ir al generalista que estaba justo al lado de la pediatra que hacía unos días por poco me insulta. Esa sala de espera estaba llena de personas con papel sanitario en las manos. Era la influenza en toda su manifestación antes de la llegada de la COVID-19 y yo tratando de esquivarla. El médico me envió nuevamente a hacerme la prueba de la influenza con otros laboratorios. Estuvieron listos en dos horas y me dijo: "Eso no es influenza. Tienes algo bacterial. Te voy a recetar antibióticos con unas placas de pecho y sinusitis".

Me fui rápido a hacerme mis placas de pecho y comencé con antibióticos. Como siempre, bien diligente con mi salud. En pocos días, me sentía superbién. Mentalmente ya me sentía más tranquilo, porque detesto enfermarme. Me deprime estar enfermo y no poder tener un día normal. Me pongo chango e insoportable. Yo mismo no me tolero. Por eso es que siempre he sido muy estricto en hacerme mis chequeos médicos dos veces al año.

Llegó el día de buscar las placas. La de la sinusitis salió perfecta, pero la del pecho tenía una sombra blanca como una bola. La lectura decía, entre infinitas cosas, que se recomendaba hacer un CT scan.

—¿Tú tienes algo en el pecho? —me preguntó el generalista.

Bueno, el corazón y las arterias, me dije a mí mismo.

—Tienes una masa en el pecho. Hay que hacerte un CT scan con contraste.

En ese momento, no sabía qué pensar: si esto era peligroso o si me tenía que preocupar. Sinceramente, no quería pensar en eso; temía que fuera algo complicado. Transcurrían los días y yo ignoraba los posibles escenarios de la razón de esa masa. Me fui a este centro de imágenes y rayos X, al que hace muchos años había ido porque me había lastimado una rodilla. Me tocó el turno y entré en el famoso túnel para hacerme el examen.

–¿Tú fumas? –preguntó el empleado del centro. Respondí que no–. Casi siempre esas masas salen cuando la persona fuma.

Ya aquí comencé a preocuparme con esas palabras de "masa", "fumar", pero traté de mantener la calma y no angustiarme porque no podía hacer nada en ese momento. Con resultados en mano, el generalista dijo lo que nunca pensé escuchar: BIOPSIA. ¡Una masa en mi pecho que había que biopsiar!

Aquí empezó mi estrés. ¡Una biopsia! El médico generalista me tranquilizó un poco: "esas masas casi siempre son benignas y se tratan sin operar". Llegué a casa. Me bajé del carro con el retrato interior de mi pecho. Me paré en el *counter* de la cocina. Saqué las placas y las comencé a ver poco a poco y veía LA MASA GRANDE EN LA CAJA DEL PECHO. Mi mente estaba confundida: por un lado, tenía miedo de lo que pudiese ser esa masa para mí, pero, por otro lado, tenía la esperanza de esas palabras "casi siempre son benignas". Nunca me pasó por mi mente radioterapia, quimioterapia o cirugía. Yo estaba bien lejos, pero bien lejos de pensar que sería un tumor canceroso y mucho menos que mi esternón fuese a ser abierto para extraer esa masa.

En ese momento, llegó Keila. Se me acercó. Vio las placas. Le enseñé dónde estaba la masa esa y no me dijo nada. Estaba seria y callada. Yo me preguntaba: *¿estaré bien? ¿Qué tengo en mi cuerpo? ¿Por qué me salió eso? ¿Será algo peligroso?* Yo siempre rezo todas las noches en la cama antes de quedarme dormido, pero ahora la manera de rezar era diferente: era un rezo constante con súplica de vivir y no morir, mirando el cielo desde el ventanal de nuestro cuarto. Tenía miedo. Cada día que pasaba, el miedo, el terror por mi salud era mayor. *Tantos años de salud plena... ahora te llegó el momento de una crisis de salud.*

Llegó el día de la cita para evaluar el CT scan y determinar la fecha de la biopsia. Otra vez tenía que decirle a mi secretaria que no iba a poder ir a la oficina porque tenía una cita médica y que había que cambiar los señalamientos de las vistas. Me sentía en estrés con tanta suspensión de las vistas. Nunca había ido a tanta cita médica en un periodo de dos semanas. Siempre he sido un *workaholic* de la vida y esta situación me estaba sacando de mi vida normal; me impedía cumplir con mi trabajo y mi *to do list*. Pero mi vida estaba en juego y eso tenía más valor que cualquier otra cosa, aunque se afectaran el calendario y las estadísticas de mis casos. Todo el tiempo me justificaba por ausentarme de mi trabajo con esa explicación sobre que lo más importante era mi salud. Pero, realmente, no debemos justificarnos así para preocuparnos por nuestro bienestar. Uno falta y punto, sin necesidad de crearte una guerra interna de emociones que perturben tu vida.

Keila me acompañó a la cita en ese hospital en Santurce. El médico me dijo: "Eso que te hicieron fue una porquería sin contraste. Hay que hacerte otro, además de la biopsia". Luego, me dijo unas palabras que seguían taladrándome el sentido del miedo a morir: "¿CON UNA MASA DE ESE TAMAÑO TÚ FUISTE A HACERTE UN ESTUDIO EN UN MALL?". Salí con las piernas temblando a hacerme unos laboratorios para el día de la biopsia. Cada área en la que tenía que esperar ese día en el hospital para los laboratorios, pagar los exámenes, era un calvario. ¿ESTA GENTE NO TIENE SISTEMAS DE INFORMACIÓN INTERNOS QUE VALIDEN EL PAGO SIN TENER QUE DEPENDER DE QUE UNO LLEVE EL PAPEL COMO SI FUERA LA TAQUILLA DE UN CINE DE UN SITIO A OTRO? Son procesos tediosos que afectan a cualquiera que esté en momentos de vulnerabilidad por razones de salud. Son procesos crueles y frustrantes.

Me quería ir. Necesitaba salir de allí y ver si podía dejar de pensar en exámenes, en biopsia, en citas médicas, planes médicos. Mi realidad era esa: tienes una masa y vas a tener que someterte por las próximas semanas a varios estudios médicos para saber a ciencia cierta cuál es el mejor proceder. Me negaba a esa realidad. Era una realidad que me causaba náuseas estomacales. Una realidad que me hacía sentir por primera vez en mi vida que no tenía control de mi salud y que podía sucumbir de un momento a otro.

Recibí mis instrucciones para el día de la biopsia: mucho líquido, unas pastillas antes y después de dormir, nada de sólidos en la comida por la mañana al despertar. Eran tantas instrucciones que no tenía idea de cómo las iba a recordar y seguir. Cuando a uno le dan tantas directrices, no sé por qué, uno piensa: *la cosa no pinta bien*. Pero uno no puede estar pensando así porque lo importante es seguir las instrucciones y someterse a los exámenes médicos para saber qué realmente uno tiene. Otra vez, tuve que recalendarizar mis asuntos en el Tribunal para poder separar el día de la biopsia. Otra vez, sentí estrés de quedar mal con les abogades por suspender y cambiar la fecha de los casos. Sin embargo, tenía que pensar en mi salud. Si no lo hacía yo, ¿quién lo iba a hacer por mí? ¡NADIE!

El día de la biopsia tomé un *Uber*. El chofer resultó ser una persona de confianza: Ewin. Sí, así mismo, Ewin sin "d". Es un muchacho que una vez me dio transportación e hicimos *click*. Ewin me recogió en casa a eso de las 5:30 a. m. para así llegar al hospital a tiempo para el procedimiento. Keila llegaría más tarde porque tenía que dejar a nuestro heredero en el cuido. Mientras iba en el *Uber*, pensaba: *¿cómo será una biopsia?, ¿me dolerá?, ¿cómo va a travesar la aguja el esternón por el pecho?, ¿sentiré algo? Que Ewin no me pregunte porque voy tan temprano al hospital*. Yo no estaba preparado para hablar con nadie de lo que sucedía con mi salud. No lo estaba porque yo mismo no sabía qué pasaría. Tenía miedo de que me hicieran preguntas para las cuales yo no tendría contestaciones. Gracias a Dios, no me preguntó.

Entré al hospital, al área designada para las biopsias. Hice el turno #3. No me fue tan mal con la espera. Diría que fue perfecto porque no era el primero y daba tiempo a que llegara mi amada a estar conmigo. Pues, así fue: llegó ella y me sentía más seguro al estar en su compañía y sentir su apoyo con sus miradas, así como con sus manos suaves. Me llamaron rápido y dije: *nos va-*

mos temprano. Pues no. Me llamaron para colocarme una cosa en el antebrazo (que nunca me aprendo el nombre). Es una tinta roja que se inyecta por las venas para poder hacer lo que ellos llaman "contraste". Me espetaron eso en la vena y me enviaron a la sala de espera para que la tinta se regara dentro de mi cuerpo y poder hacer la biopsia. Esperamos como dos horas hasta que me llamaron mientras leía jurisprudencia.

Me llamaron y me dijeron que me quitara solo la camisa. Ajá... y, ¿cómo me quito la camisa con la pieza intravenosa en mi antebrazo? Maniobré y me la quité. Me puse la famosa batita de papel abierta atrás, me acostaron en una camilla y me entraron en el túnel del CT scan. El proceso era hacerme otro CT scan con la biopsia. Ah y debo decir que el otro centro donde me realice el CT scan porquería sin contraste facturó al plan médico por esos servicios.

Bueno, se activó la máquina. "Respire profundo, detenga la respiración". Luego de unos segundos, la máquina te dice: "ya puede respirar". Comencé a respirar bien profundo y exhalar una y otra vez. Me concentré en Keila y Noé, en las cosas que quería lograr en mi vida y pensaba que estaría bien de salud. Me fui en un trance a través de ese proceso de meditación. En ese momento, escuché la voz del doctor que se acercaba: "José, voy". Pero mi meditación estaba trabajando, estaba bien entregado en ese proceso que me dejé ir y relajé mi cuerpo. Sabía que ya la aguja había traspasado mi cuerpo. Era la anestesia para no sentir el movimiento de la aguja de la biopsia dentro de mi esternón.

El doctor dijo unas palabras que, por un momento, me sacaron de mi autocontrol: "Vamos a empezar con la biopsia, pero te advierto que la anestesia no llega tan profundo y vas a sentir un poco de molestia". Por un momento, perdí la concentración que había logrado hasta entonces. Volví a recargar el poder de mi mente y no me dejé vencer. Comencé a sentir la aguja moviéndose dentro de mi pecho. Mi pecho que había recibido por años mucho *bench press, plank, pull up, push up* y que lo sentía más fuerte que nunca. Pero, por dicha razón, el doctor tenía que hacer más fuerza para poder penetrar hasta llegar a la masa y extraer la muestra. Yo sentía que estaba hasta clavando en el pecho con un martillo. No sé qué fue, pero me armé de tanto poder mental que hasta comencé a contar del uno al diez varias veces mientras respiraba. Al fin escuché: "Hemos terminado". Me levanté y uno de los asistentes me preguntó que si yo fumaba. *¿Pero van a seguir preguntando lo mismo?* Le contesté que no y me dijo "pues tranquilo que casi siempre esos tumores son benignos". Otra vez, me hicieron ese comentario. *¿Será verdad eso que dicen o me lo están diciendo para calmarme?*

Me levanté de la camilla. Me quitaron el tubo que me habían enterrado en el brazo. Fui al baño. Me puse la camisa y me enviaron a la sala de recuperación. En ese momento, la anestesia se comenzaba a despedir de mí y lo sentía en el pecho. Levanté la mirada y llegó una hermosa mujer de ojos verdes. Se sentó justo a mi lado.

—¿Cómo te sientes, mi amor?

—Un poco adolorido, pero tranquilo... Te amo. —Ella sacó del bolso de papel que tenía en las manos sopas, sándwiches para almorzar y hasta dos cervezas sin alcohol, con su mirada de "vamos a tener un date aquí". Me sentía contento de tenerla a mi lado y más enamorado que nunca. Antes de irme, una de las empleadas me dijo: "lo vamos a llamar cuando lleguen los resultados de la biopsia". Ya fuera del hospital, le pedí a Keila que fuéramos a comprar matas a un vivero cerca de casa pues necesitaba reconectar con la naturaleza, sentir otras energías, rodearme de vida. A partir de ese momento comenzaría la espera de unos resultados que marcarían para siempre nuestras vidas durante el 2020 y que causarían una serie de vivencias que jamás hubiese imaginado que sucederían en y fuera de Puerto Rico. Cada ser de nuestra familia, amistades, desconocides que posiblemente no volveremos a ver nunca más, especialistas en la salud, fueron artífices de un 2020 irrepetible para Keila, Noé y para mí.

En este proceso, todo ha sido posible por este amor que me ha acompañado desde el primer día, por la fortaleza que me ha brindado en esta jornada. Quien ha estado junto a mí desde el momento de las placas. Quien ha estado junto a mí cuando recibí la llamada telefónica con los resultados de la biopsia. Quien ha estado junto a mí en los momentos que he llorado ante las opiniones de los médicos en Puerto Rico sobre los riegos de la operación. Quien ha estado junto a mí en el aeropuerto ante la COVID-19, en los aviones y en cada hotel en que esta jornada nos ha llevado a quedarnos fuera de Puerto Rico. Ella ha sido parte de las frustraciones del trato cruel e insensible de ciertas personas al momento de recibir servicios, que nos han causado lágrimas, pero también en los momentos de servicios de exce-

lencia de personas, tanto en Puerto Rico como en Texas, que nos han causado sonrisas en nuestros rostros cuando más lo necesitábamos para armarnos de valor y optimismo. Ella ha estado en cada caminar, en cada andar, en cada cita, en cada protocolo de COVID-19, en cada humor, cada lágrima, cada sonrisa de optimismo, en cada sanitizer, cada mascarilla.

Mi amor, viviste la soledad de esperar por el resultado de mi cirugía en la oscuridad de la noche y durante los próximos días en que convalecí lejos de ti, pero tú siempre has tenido una actitud positiva, una fortaleza encomiable y un andar fuerte que me permitió ganar esta batalla. Tú fuiste el artífice de cada una de esas herramientas que me han ayudado a ser un mejor ser humano y fortalecerme espiritualmente para este proceso. Yo tenía fuerza física, pero tú me diste la fuerza interna y espiritual que no tenía. Todo esto te lo debo a ti, mi amor, mi ser, esta mujer que llegó a mi vida para enamorarme, para enloquecerme, pero también para hacerme crecer como hombre, ser humano, padre y esposo.

Gracias, mi amor. Gracias por todo lo que has hecho, por cada espuma, cada jabón en mi espalda y nalgas, por cada beso, por cada caricia. Gracias por tus consejos. Gracias por las veintinueve palmas que me regalaste y que contribuyeron a transformar la crisis en energía y esperanza de vida para mí. Esas palmas son también esa energía que brota de ti para mí. TE AMO.

*Hombre de Neguá,
no soy un fueguito en el mar;
soy yo el mar de fueguitos.*

*Soy luz y sombra.
Soy chispa y cenizas.
A veces, fuego grande.
Otras, fuego chico.*

*En ocasiones, soy fuego sereno,
apenas alumbro.
Mírame con un prisma.
Verás todos los colores.*

*Otras veces, ardo la vida.
No podrías mirarme sin parpadear.*

*Si te acercas, bien puedo serte cálida,
como bien puedo encenderte.*

*Soy huracán.
Puedo sacudir tus neuronas
y al mismo tiempo ser brisa que danza con palmares.
Soy inhalación profunda,
suspiro lento,
hiperventilación.*

*Soy ola furiosa que te retumba en el pecho,
y lago calmado que te espejea.*

*Soy Madre Tierra fértil
y desierto adornado con espejismos.*

La humanidad me sostiene y me sustenta.
Mi humanidad sostiene y sustenta.
Sostengo y sustento.

Ya fui.
Ya seré.
Aquí, ahora, soy.

Soy yo.

Soy todos mis seres.
Soy todas mis voces.
Soy todas mis miradas.

Soy el brillo en los ojos de Marido y la bondad que él me inspira.

Soy la risa de Noé
y sus rizos que tejen y destejen a la Penélope en mí.

Soy lo que piensas al leerme.
Soy tú.
Tú eres yo.

Somos.
Uno.
Eternamente mortales.

Seamos, pues, y vivamos mientras.

–Keila

Epílogo

Querido depredador interno:

A estas alturas, luego de haber sobrevivido el 2020, es decir, haber sobrevivido temblores, sospechas de asbesto, bronquiolitis, crisis de cuidos, pandemia COVID-19, polvos del Sahara, cáncer, separación de mi bebé, relactancia, pezones en carne viva, desesperanza, regreso hipocondriaco al trabajo... poco me importa tu opinión. Poco me importa el prestigio. Poco me importa si me consideran la autora del año o no. Poco me importa el qué dirán.

Me importa vivir bien, que mi familia viva bien, que vivamos bien en el mejor mundo posible siendo las mejores personas posibles, y que inspiremos a les demás a hacer lo propio. No para que nos adjudiquen el logro, sino con el propósito egoísta de encontrarnos un mundo mejor cuando regresemos a la calle a abrazarnos sin mascarillas.

Agradezco tu consejo, pero métedo por donde mejor te quepa. Pase lo que pase, venga la consecuencia que venga, yo soy. No es cuestión de si merezco o no merezco. Yo soy. Vivo. Yo soy toda, completa, abundancia, fuerza creadora, una con el Universo. Vivo. Una no viene a cambiar al mundo, sino a permitir que el mundo nos cambie. Y tú, Barbazul, que por más de tres décadas has estado aniquilando mi energía creativa, eres lo primero que tengo que aniquilar desde mis entrañas. Ya no te permitiré confabular con mis depredadores externos. A quienes quieran sentenciarme e ignorar las intenciones puras detrás de mis líneas, les enviaré mis mejores deseos y mis más definitivos adioses. Aniquilarte es mi revolución, mi aportación a la sociedad. Salvamos al mundo desde adentro. Soy. En plenitud, vida, gratitud y fuerza: SOY.

Divina, mortal e infinita,

Keila Marie, en coexistencia con toda persona cuyos ojos den vida a estas líneas.